MOLIÈRE

GEORGE DANDIN

PARIS

Librairie E. Flammarion

M DCCC XCIII

LES PIÈCES DE MOLIÈRE

GEORGE DANDIN

TIRAGE A PETIT NOMBRE

Il a été tiré en outre :

20 exemplaires sur papier du Japon, avec triple épreuve de la gravure (nos 1 à 20).

25 exemplaires sur papier de Chine fort, avec double épreuve de la gravure (nos 21 à 45).

25 exemplaires sur papier Whatman, avec double épreuve de la gravure (nos 46 à 70).

———

70 exemplaires, numérotés.

GEORGE DANDIN

(Acte III Scène VI)

MOLIÈRE

GEORGE DANDIN

OU

LE MARI CONFONDU

COMÉDIE EN TROIS ACTES

AVEC UNE NOTICE ET DES NOTES

PAR

GEORGES MONVAL

Dessin de L. Leloir

GRAVÉ A L'EAU-FORTE PAR CHAMPOLLION

PARIS

LIBRAIRIE DES BIBLIOPHILES

E. FLAMMARION SUCCESSEUR

Rue Racine, 26, près de l'Odéon

M DCCC XCIII

NOTICE

GEORGE DANDIN

E N 1667, *nous avons vu le carnaval presque en-
tièrement rempli par le* BALLET DES MUSES, *à
Saint-Germain-en-Laye.*

L'année suivante, sauf la MASCARADE *de Bense-
rade, dansée le 18 janvier dans l'appartement du
Roi, et le 26 du même mois au château de Saint-
Germain, il n'y eut pas de fêtes à la Cour, et ce fut
au public parisien que Molière donna la primeur de
son* AMPHITRYON.

*En février, le Roi fait la guerre en personne, et,
pendant que les canons de Luxembourg et de Condé
tonnent à Besançon, à Salins, à Dôle, les violons*

de Lully se taisent, et Molière, sans quitter Plaute,
prépare à loisir son AVARE.

Mais la paix, signée le 2 mai à Aix-la-Chapelle,
réclame des fêtes, et le Grand divertissement royal
est fixé à la mi-juillet.

Quoique la Cour fût alors à Saint-Germain, on
choisit Versailles pour théâtre des réjouissances, et,
comme toujours, Molière fut appelé à y prendre
part.

Il avait déjà célébré les victoires du Roi dans ce
*beau sonnet qu'on trouve imprimé à la suite d'*AMPHI-
TRYON :

Ce sont faits inouïs, grand Roi, que tes victoires!
L'avenir aura peine à les bien concevoir,
Et de nos vieux héros les pompeuses histoires
Ne nous ont point chanté ce que tu nous fais voir.

Quoi? presque au même instant qu'on te l'a vu résoudre,
Voir toute une province unie à tes États!
Les rapides torrents, et les vents, et la foudre,
Vont-ils, dans leurs effets, plus vite que ton bras?

N'attends pas, au retour d'un si fameux ouvrage,
Des soins de notre Muse un éclatant hommage.
Cet exploit en demande, il le faut avouer;

Mais nos chansons, grand Roi, ne sont pas si tôt prêtes,
Et tu mets moins de temps à faire tes conquêtes
          Qu'il n'en faut pour les bien louer.

Molière rivalise ici avec le grand Corneille qui,
lui aussi, a chanté la conquête de la Franche-
Comté. Passant du grave au doux, du sévère au

plaisant, le chef de la troupe du Roi va enca-
drer, dans le ballet destiné aux fêtes de Versailles,
une comédie tirée à la hâte des contes de Boc-
cace et du vieux canevas de la JALOUSIE DU BAR-
BOUILLÉ.

« Le mardi 10 juillet — consigne La Grange en
son REGISTRE — la troupe est partie pour Versailles.
On a joué le MARI CONFONDU. Elle a été de retour
le jeudi 19. »

Ce n'était pas trop de dix jours pour recevoir
les ordres du duc de Créqui, premier gentilhomme
de la Chambre, et de l'intendant des Menus M. de
Launay, pour dresser le théâtre, mettre la pièce au
point, la répéter de concert avec les musiciens et les
danseurs.

Tout étant prêt, le mercredi 18 le Roi arriva de
Saint-Germain sur les six heures, et la fête com-
mença par une promenade dans le petit parc et les
jardins.

Vigarani avait dressé le théâtre à la rencontre
de l'allée Royale et de celle des Prés, dans un espace
de 13 toises carrées.

La salle, d'architecture ionique, pouvant contenir
2 à 3,000 spectateurs, était tendue de riches tapis-
series et éclairée par 32 lustres de chacun dix bou-
gies de cire blanche.

L'ouverture du théâtre était de 36 pieds ; à droite
et à gauche, deux grandes colonnes torses, entre les-

quelles les statues en marbre blanc de la Paix et de la Victoire[1].

Ce fut sur cette scène improvisée, presque en plein air, que Molière représenta pour la première fois sa comédie de GEORGE DANDIN, qui ne devait paraître à Paris, sur le théâtre du Palais-Royal, que quatre mois plus tard, après l'AVARE.

Pour décor, les allées, les jets d'eau, les cabinets de verdure de ce merveilleux parc de Versailles, qu'Alfred de Musset, en des vers célèbres, n'a déclaré « ennuyeux » que parce qu'il ne l'a pas su peupler de souvenirs.

Pour public, la plus auguste, la plus brillante et la plus rare assemblée : le Roi, la Reine et le jeune Dauphin ; Monsieur, Madame et Mademoiselle ; Madame la Princesse ; le nonce du Pape ; les Ambassadeurs, les cardinaux de Vendôme et de Retz ; Madame de Montausier ; la duchesse de la Vallière, la marquise de Montespan et Madame Vve Scarron ; Madame et Mademoiselle de Sévigné, Mademoiselle de Scudéry, Mesdames de Coulanges et de Lafayette, etc., etc., la noblesse, l'esprit et la beauté.

Pour comparses, une armée de chanteurs, de symphonistes et de baladins, parmi lesquels la pauvre

---

1. Voir, à la Chalcographie du Louvre, les cinq planches gravées par Le Pautre.

comédie devait se trouver singulièrement empêtrée.
Quoi ! toujours des fâcheux ? Quoi ! toujours des
bergers ? Et Tircis ! Et Philène ! Et Climène ! Et
Chloris ! Combien Molière devait souffrir de ces
petites « drôleries » en musique, de tous ces « pro-
logues ou dialogues de chansons et de danse » !
comme il devait envoyer au diable tous ces gens qui
« se trémoussaient si bien » ! Quoi ! Baptiste et
Beauchamp ? la musique et la danse ? Et que sera
donc la philosophie, c'est-à-dire la Comédie sou-
veraine qui présente à l'homme, en un miroir naïf,
l'image de sa laideur et de son infirmité ? Cette pauvre comédie, elle tient si peu de place dans cette fête
des yeux, que le livret — qui ne fait grâce d'aucun
danseur des intermèdes — mentionne à peine « le
sieur Molière » et laisse en blanc les noms de ses
deux camarades qui ont joué, l'une la bergère,
l'autre un paysan ami de George Dandin. Quant
aux acteurs de la « comédie en prose qui se récite »,
il n'en est pas même question.

Certes les bergers Saint-André, La Pierre, Favier,
Beauchamp, qui danseront tous quatre à l'Opéra de
Guénégaud dans la POMONE de Cambert et Perrin,
les flûtistes Descoteaux, Philbert, Jean et Martin
Hotteterre, les cantatrices Mesdemoiselles Hilaire et
des Fronteaux, les sieurs Blondel, d'Estival, Le Gros,
Gingan et Gaye, que nous retrouverons à Chambord
dans le BOURGEOIS GENTILHOMME, sont personnes

considérables[1], *et la postérité ne doit pas ignorer non plus les noms de : Jouan, Chicanneau, Noblet, Mayeu, Bonard, Arnald, Foignard, Dolivet, Paysan, Manceau, Le Roy, Pesan ; mais on aurait appris avec plus d'intérêt, il me semble, quels personnages furent créés dans* GEORGE DANDIN *par ces excellents comédiens du Palais - Royal qui s'appelaient La Grange, Du Croisy, La Thorillière, Hubert, Béjart, de Brie ; Mesdemoiselles Béjart, Molière et de Brie*[2].

Il n'est pas même question d'eux dans le récit copieux, mais confus, qu'André Félibien a laissé de ces fêtes, et où il n'oublie ni une montagne de massepains

---

1. Mlle Hilaire avait déjà chanté Vénus dans *Ercole amante* (1660) ; Mlle Desfronteaux chantera Junon, Gaye Cadmus, et Estival Jupiter dans le *Cadmus* de Lully (1673).

2. La distribution probable est celle-ci :

GEORGE DANDIN	Molière,
CLITANDRE	La Grange.
M. DE SOTENVILLE . . .	Du Croisy.
LUBIN	La Thorillière.
COLIN	Hubert.
Mme DE SOTENVILLE. . .	Louis Béjart.
UN PAYSAN.	De Brie.
ANGÉLIQUE.	Mlles Molière.
CLAUDINE	Madel. Béjart.
UNE BERGÈRE	De Brie.

L'Estat de despences du Ballet de Versailles (1668), qui se monte à 52,972 livres, comprend 2,400 livres pour dix habits de Molière et de sa troupe (dessinés par Gissey, qui avait déjà travaillé au grand carrousel de 1662) et 648 livres pour les nourritures (Arch. Nat. O. 14642).

ni une pyramide de confitures. On sent bien que, pour cet historiographe de cour, la comédie de Molière ne fut, dans ce songe royal d'une belle nuit d'été, qu'un simple épisode entre la promenade, la collation, les grandes eaux, le souper, le bal, les illuminations et le feu d'artifice.

Mais le temps, qui remet tout à sa place, a bientôt fait son œuvre : par un juste retour, de ces somptueuses fêtes de Versailles GEORGE DANDIN, à peine remarqué, a seul survécu. Molière n'avait prétendu qu'à fournir un appoint aux ballets du DIVERTISSEMENT ROYAL ; il a fait, comme toujours, sans le savoir et malgré lui, œuvre de génie.

Quelle variété et quelle vérité ! Et quelle belle prose, franche, savoureuse et forte ! GEORGE DANDIN est, à mon goût, une des pièces les plus parfaites de Molière, un modèle d'ordonnance, de proportion, de style, de force comique. — Et c'est cette comédie que Riccoboni voulait « rejeter » du théâtre, avec les deux ÉCOLES, et que Mercier déclarera des plus dangereuses !

Aucune, pourtant, n'est plus morale dans son but que GEORGE DANDIN. Comme toujours, Molière a pris pour thème l'un des désordres nés de nos passions mauvaises : intérêt, ambition, égoïsme, mensonge, orgueil. Le MAL MARIÉ, tel est le sujet de GEORGE DANDIN, sujet plus douloureux que plaisant, et qui tournait facilement au drame, si l'auteur ne l'avait traité en farce, à la gauloise. C'est un autre

MARIAGE FORCÉ. *Le riche paysan est une nouvelle et dernière incarnation de Sganarelle, dont il porte même le costume traditionnel. Mais ici, c'est la femme qui a été mariée malgré elle, sans être consultée par des parents cupides ; l'immortel couple des Sotenville a remplacé le seigneur Alcantor et son fils Alcidas ; Clitandre le damoiseau est un proche parent de Lycaste, et Angélique est bien une sœur de Dorimène.*

*La pièce pourrait s'appeler l'*ECOLE DES VILAINS. *Pour que la leçon fût complète et bien parlante, il fallait que la femme fût une franche coquine et que, cependant, on ne plaignît point ce M. de la Dandinière qui, comme le bourgeois gentilhomme, a voulu sortir de sa sphère et s'élever au-dessus de sa condition. L'adultère, suite ordinaire de ces mésalliances, n'est encore qu'à l'état de menace ; mais le pauvre mari est constamment berné, moqué, « confondu » — comme dit le sous-titre de la pièce — et c'est à genoux, le bonnet à la main et la chandelle au poing, qu'il doit faire amende honorable des fautes..... de sa noble moitié.*

Et savez-vous pourquoi Dandin ne nous touche pas, pourquoi nous ne compatissons point à ses mésaventures ? C'est parce qu'il n'aime pas Angélique. Il invoque son droit, la foi jurée par l'épouse et la reconnaissance qu'elle lui doit d'avoir « rebouché d'assez bons trous » dans la bourse de la famille ; mais jamais un mot de tendresse, pas un cri du cœur. *Nous voilà loin d'Arnolphe, qui nous touche, lui; c'est un despote, un tyran, un maniaque, un malade, soit; mais il aime et, quand il parle de s'arracher un côté de cheveux, nous souffrons avec lui. Dandin a beau se plaindre et se désespérer; déclassé par son mariage, malheureux par sa faute, il n'obtient rien de notre compassion et nous rions de son infortune, tout en condamnant la malice triomphante de sa femme.*

La conclusion de Molière est bien sévère, puisque Dandin parle de s'aller jeter dans l'eau la tête la première. A Versailles, c'était dans le vin qu'un ami lui conseillait de noyer ses chagrins et son impuissant dépit, — prétexte à faire défiler en musique chœur de Bacchus, chœur de l'Amour, que Lully reprendra bientôt dans le BALLET DES BALLETS *et ensuite pour son Opéra naissant* [1].

Il est tout naturel que, dans les quatre mois qui séparent les fêtes de Versailles de la première représentation à Paris, la pièce ait été remaniée, et qu'enfin dégagée de l'attirail accessoire de ses « agréments », musique et danse, elle ait poussé vers la haute satire et la vérité. Le dénoûment s'est assombri quand la farce est passée comédie.

Représentée trois fois à Saint-Germain du 3 au

1. *Les fêtes de Bacchus et de l'Amour* inaugurèrent l'Opéra de la rue de Vaugirard, en novembre 1672.

6 novembre, pour les fêtes de Saint-Hubert, elle parut le 9 au Palais-Royal, précédée de la CRITIQUE D'ANDROMAQUE. Molière la joua 39 fois jusqu'à sa mort.

Il avait obtenu, le 30 septembre, un privilège pour GEORGE DANDIN ou le MARI CONFONDU, qui parut chez Ribou, à la date de 1669, sans les intermèdes, que l'on trouve dans le livret du Grand Divertissement et dans la Relation de Félibien.

GEORGES MONVAL.

GEORGE DANDIN

ou

LE MARI CONFONDU

COMÉDIE

George Dandin.

ACTEURS

GEORGE DANDIN, riche paysan, mari d'Angélique.
ANGÉLIQUE, femme de George Dandin et fille de
    M. de Sotenville.
MONSIEUR DE SOTENVILLE, gentilhomme campa-
    gnard, père d'Angélique.
MADAME DE SOTENVILLE, sa femme.
CLITANDRE, amoureux d'Angélique.
CLAUDINE, suivante d'Angélique.
LUBIN, paysan servant Clitandre.
COLIN, valet de George Dandin.

La scène est à la campagne, devant la maison
de George Dandin.

GEORGE DANDIN

OU

LE MARI CONFONDU

———

ACTE PREMIER

———

SCÈNE PREMIÈRE

GEORGE DANDIN.

Aн! qu'une femme demoiselle est une étrange
affaire, et que mon mariage est une leçon
bien parlante à tous les paysans qui veulent s'élever au-dessus de leur condition et s'allier, comme
j'ai fait, à la maison d'un gentilhomme! La noblesse de soi est bonne, c'est une chose considé-
rable assurément; mais elle est accompagnée de
tant de mauvaises circonstances qu'il est très bon

de ne s'y point frotter. Je suis devenu là-dessus
savant à mes dépens, et connois le style des
nobles, lorsqu'ils nous font, nous autres, entrer
dans leur famille. L'alliance qu'ils font est petite
avec nos personnes : c'est notre bien seul qu'ils
épousent; et j'aurois bien mieux fait, tout riche
que je suis, de m'allier en bonne et franche pay-
sannerie que de prendre une femme qui se tient
au-dessus de moi, s'offense de porter mon nom,
et pense qu'avec tout mon bien je n'ai pas assez
acheté la qualité de son mari. George Dandin,
George Dandin, vous avez fait une sottise la plus
grande du monde. Ma maison m'est effroyable
maintenant, et je n'y rentre point sans y trouver
quelque chagrin.

SCÈNE II

GEORGE DANDIN, LUBIN.

GEORGE DANDIN, *à part, voyant sortir Lubin*
de chez lui.

Que diantre ce drôle-là vient-il faire chez moi?

LUBIN, [*à part*].

Voilà un homme qui me regarde.

GEORGE DANDIN, [*à part*].

Il ne me connoît pas.

LUBIN, [*à part*].

Il se doute de quelque chose.

GEORGE DANDIN, [*à part*].

Ouais ! il a grand'peine à saluer.

LUBIN, [*à part*].

J'ai peur qu'il n'aille dire qu'il m'a vu sortir de là-dedans.

GEORGE DANDIN.

Bonjour.

LUBIN.

Serviteur.

GEORGE DANDIN.

Vous n'êtes pas d'ici, que je crois?

LUBIN.

Non, je n'y suis venu que pour voir la fête de demain.

GEORGE DANDIN.

Hé! dites-moi un peu, s'il vous plaît, vous venez de là-dedans?

LUBIN.

Chut !

GEORGE DANDIN.

Comment?

LUBIN.

Paix !

GEORGE DANDIN.

Quoi donc ?

LUBIN.

Motus! Il ne faut pas dire que vous m'ayez vu sortir de là.

GEORGE DANDIN.

Pourquoi?

LUBIN.

Mon Dieu, parce.

GEORGE DANDIN.

Mais encore?

LUBIN.

Doucement! J'ai peur qu'on ne nous écoute.

GEORGE DANDIN.

Point, point.

LUBIN.

C'est que je viens de parler à la maîtresse du logis, de la part d'un certain monsieur qui lui fait les doux yeux, et il ne faut pas qu'on sache cela. Entendez-vous?

GEORGE DANDIN.

Oui.

LUBIN.

Voilà la raison. On m'a enchargé de prendre garde que personne ne me vît, et je vous prie, au moins, de ne pas dire que vous m'ayez vu.

GEORGE DANDIN.

Je n'ai garde.

LUBIN.

Je suis bien aise de faire les choses secrètement, comme on m'a recommandé.

GEORGE DANDIN.

C'est bien fait.

LUBIN.

Le mari, à ce qu'ils disent, est un jaloux qui
ne veut pas qu'on fasse l'amour à sa femme; et il
feroit le diable à quatre, si cela venoit à ses oreilles.
Vous comprenez bien?

GEORGE DANDIN.

Fort bien.

LUBIN.

Il ne faut pas qu'il sache rien de tout ceci.

GEORGE DANDIN.

Sans doute.

LUBIN.

On le veut tromper tout doucement. Vous
entendez bien?

GEORGE DANDIN.

Le mieux du monde.

LUBIN.

Si vous alliez dire que vous m'avez vu sortir
de chez lui, vous gâteriez toute l'affaire. Vous
comprenez bien?

GEORGE DANDIN.

Assurément. Hé! comment nommez-vous celui
qui vous a envoyé là dedans?

LUBIN.

C'est le seigneur de notre pays, monsieur le
vicomte de chose... Foin! je ne me souviens
jamais comment diantre ils baragouinent ce nom-
là. Monsieur Cli... Clitande.

GEORGE DANDIN.

Est-ce ce jeune courtisa n qui demeure...?

LUBIN.

Oui. Auprès de ces arbres.

GEORGE DANDIN, *à part.*

C'est pour cela que depuis pe u ce damoiseau
poli s'est venu loger contre moi. J'avois bon
nez, sans doute, et son voisinage déjà m'avoit
donné quelque soupçon.

LUBIN.

Testigué! c'est le plus honnête homme que
vous ayez jamais vu. Il m'a donné trois pièces
d'or pour aller dire seulement à la femme qu'il
est amoureux d'elle, et qu'il souhaite fort l'honneur de pouvoir lui parler. Voyez s'il y a là une
grande fatigue pour me payer si bien, et ce
qu'est, au prix de cela, une journée de travail
où je ne gagne que dix sols!

GEORGE DANDIN.

Hé bien! avez-vous fait votre message?

LUBIN.

Oui. J'ai trouvé là-dedans une certaine Claudine qui, tout du premier coup, a compris ce que
je voulois, et qui m'a fait parler à sa maîtresse.

GEORGE DANDIN, *à part.*

Ah! coquine de servante!

LUBIN.

Morguienne! cette Claudine-là est tout à fait

jolie; elle a gagné mon amitié, et il ne tiendra
qu'à elle que nous ne soyons mariés ensemble.

GEORGE DANDIN.

Mais quelle réponse a faite la maîtresse à ce
monsieur le courtisan?

LUBIN.

Elle m'a dit de lui dire... attendez, je ne sais si
je me souviendrai bien de tout cela... qu'elle lui
est tout à fait obligée de l'affection qu'il a pour
elle, et qu'à cause de son mari, qui est fantasque,
il garde d'en rien faire paroître, et qu'il faudra
songer à chercher quelque invention pour se pouvoir entretenir tous deux.

GEORGE DANDIN, à part.

Ah! pendarde de femme!

LUBIN.

Testiguiéne! cela sera drôle, car le mari ne
se doutera point de la manigance, voilà ce qui
est de bon; et il aura un pied de nez avec sa jalousie, est-ce pas?

GEORGE DANDIN.

Cela est vrai.

LUBIN.

Adieu. Bouche cousue au moins. Gardez bien
le secret, afin que le mari ne le sache pas.

GEORGE DANDIN.

Oui, oui.

LUBIN.

Pour moi, je vais faire semblant de rien;

2

je suis un fin matois, et l'on ne diroit pas que
j'y touche.

SCÈNE III

GEORGE DANDIN.

Hé bien ! George Dandin, vous voyez de quel
air votre femme vous traite! Voilà ce que c'est
d'avoir voulu épouser une demoiselle ! L'on vous
accommode de toutes pièces, sans que vous puis-
siez vous venger, et la gentilhommerie vous tient
les bras liés. L'égalité de condition laisse du moins
à l'honneur d'un mari liberté de ressentiment ;
et, si c'étoit une paysanne, vous auriez maintenant toutes vos coudées franches à vous en faire
la justice à bons coups de bâton. Mais vous avez
voulu tâter de la noblesse, et il vous ennuyoit
d'être maître chez vous. Ah ! j'enrage de tout mon
cœur, et je me donnerois volontiers des soufflets.
Quoi ! écouter impudemment l'amour d'un damoiseau, et y promettre en même temps de la cor-
respondance ! Morbleu ! je ne veux point laisser
passer une occasion de la sorte. Il me faut de ce
pas aller faire mes plaintes au père et à la mère,
et les rendre témoins, à telle fin que de raison,
des sujets de chagrin et de ressentiment que leur
fille me donne. Mais les voici l'un et l'autre fort à
propos.

SCÈNE IV

MONSIEUR et MADAME DE SOTEN-
VILLE, GEORGE DANDIN.

MONSIEUR DE SOTENVILLE.

Qu'est-ce, mon gendre? Vous me paroissez
tout troublé.

GEORGE DANDIN.

Aussi en ai-je du sujet, et...

MADAME DE SOTENVILLE.

Mon Dieu! notre gendre, que vous avez peu
de civilité de ne pas saluer les gens quand vous
les approchez!

GEORGE DANDIN.

Ma foi, ma belle-mère, c'est que j'ai d'autres
choses en tête, et...

MADAME DE SOTENVILLE.

Encore! Est-il possible, notre gendre, que vous
sachiez si peu votre monde, et qu'il n'y ait pas
moyen de vous instruire de la manière qu'il faut
vivre parmi les personnes de qualité?

GEORGE DANDIN.

Comment?

MADAME DE SOTENVILLE.

Ne vous déferez-vous jamais avec moi de la

familiarité de ce mot de « ma belle-mère », et ne sauriez-vous vous accoutumer à me dire « Madame » ?

GEORGE DANDIN.

Parbleu ! si vous m'appelez votre gendre, il me semble que je puis vous appeler ma belle-mère.

MADAME DE SOTENVILLE.

Il y a fort à dire, et les choses ne sont pas égales. Apprenez, s'il vous plaît, que ce n'est pas à vous à vous servir de ce mot-là avec une personne de ma condition ; que, tout notre gendre que vous soyez, il y a grande différence de vous à nous, et que vous devez vous connoître.

MONSIEUR DE SOTENVILLE.

C'en est assez, m'amour, laissons cela.

MADAME DE SOTENVILLE.

Mon Dieu ! Monsieur de Sotenville, vous avez des indulgences qui n'appartiennent qu'à vous, et vous ne savez pas vous faire rendre par les gens ce qui vous est dû.

MONSIEUR DE SOTENVILLE.

Corbleu ! pardonnez-moi ; on ne peut point me faire de leçons là-dessus, et j'ai su montrer en ma vie, par vingt actions de vigueur, que je ne suis point homme à démordre jamais d'une partie de mes prétentions. Mais il suffit de lui avoir donné un petit avertissement. Sachons un peu, mon gendre, ce que vous avez dans l'esprit.

GEORGE DANDIN.

Puisqu'il faut donc parler catégoriquement, je vous dirai, Monsieur de Sotenville, que j'ai lieu de...

MONSIEUR DE SOTENVILLE.

Doucement, mon gendre. Apprenez qu'il n'est pas respectueux d'appeler les gens par leur nom, et qu'à ceux qui sont au-dessus de nous il faut dire « Monsieur » tout court.

GEORGE DANDIN.

Hé bien, Monsieur tout court et non plus Monsieur de Sotenville, j'ai à vous dire que ma femme me donne...

MONSIEUR DE SOTENVILLE.

Tout beau ! Apprenez aussi que vous ne devez pas dire « ma femme » quand vous parlez de notre fille.

GEORGE DANDIN.

J'enrage. Comment ! ma femme n'est pas ma femme ?

MADAME DE SOTENVILLE.

Oui, notre gendre, elle est votre femme, mais il ne vous est pas permis de l'appeler ainsi, et c'est tout ce que vous pourriez faire si vous aviez épousé une de vos pareilles.

GEORGE DANDIN.

Bas, à part. Ah ! George Dandin, où t'es-tu fourré ? [*Haut.*] Hé ! de grâce, mettez pour un moment votre gentilhommerie à côté, et souffrez

que je vous parle maintenant comme je pourrai.
[*A part*]. Au diantre soit la tyrannie de toutes
ces histoires-là! [*A M. de Sotenville*]. Je vous dis
donc que je suis mal satisfait de mon mariage.

MONSIEUR DE SOTENVILLE.

Et la raison, mon gendre?

MADAME DE SOTENVILLE.

Quoi! parler ainsi d'une chose dont vous avez
tiré de si grands avantages?

GEORGE DANDIN.

Et quels avantages, Madame, puisque Madame
y a? L'aventure n'a pas été mauvaise pour vous,
car sans moi vos affaires, avec votre permis-
sion, étoient fort délabrées, et mon argent a servi
à reboucher d'assez bons trous; mais, moi, de
quoi y ai-je profité, je vous prie, que d'un allon-
gement de nom, et, au lieu de George Dandin,
d'avoir reçu par vous le titre de Monsieur de la
Dandinière?

MONSIEUR DE SOTENVILLE.

Ne comptez-vous rien, mon gendre, l'avantage
d'être allié à la maison de Sotenville?

MADAME DE SOTENVILLE.

Et à celle de La Prudoterie, dont j'ai l'honneur d'être issue; maison où le ventre anoblit,
et qui, par ce beau privilège, rendra vos enfants
gentilshommes?

GEORGE DANDIN.

Oui, voilà qui est bien, mes enfants seront gentils-hommes ; mais je serai cocu, moi, si l'on n'y met ordre.

MONSIEUR DE SOTENVILLE.

Que veut dire cela, mon gendre ?

GEORGE DANDIN.

Cela veut dire que votre fille ne vit pas comme il faut qu'une femme vive, et qu'elle fait des choses qui sont contre l'honneur.

MADAME DE SOTENVILLE.

Tout beau ! Prenez garde à ce que vous dites. Ma fille est d'une race trop pleine de vertu pour se porter jamais à faire aucune chose dont l'honnêteté soit blessée ; et de la maison de La Prudoterie il y a plus de trois cents ans qu'on n'a point remarqué qu'il y ait eu de femme, Dieu merci, qui ait fait parler d'elle.

MONSIEUR DE SOTENVILLE.

Corbleu ! dans la maison de Sotenville on n'a jamais vu de coquette, et la bravoure n'y est pas plus héréditaire aux mâles que la chasteté aux femelles.

MADAME DE SOTENVILLE.

Nous avons eu une Jacqueline de la Prudoterie qui ne voulut jamais être la maîtresse d'un duc et pair, gouverneur de notre province.

MONSIEUR DE SOTENVILLE.

Il y a eu une Mathurine de Sotenville qui refusa vingt mille écus d'un favori du roi, qui

ne lui demandoit seulement que la faveur de
lui parler.

GEORGE DANDIN.

Ho bien! votre fille n'est pas si difficile que
cela, et elle s'est apprivoisée depuis qu'elle
est chez moi.

MONSIEUR DE SOTENVILLE.

Expliquez-vous, mon gendre. Nous ne sommes
point gens à la supporter dans de mauvaises actions, et nous serons les premiers, sa mère et
moi, à vous en faire la justice.

MADAME DE SOTENVILLE.

Nous n'entendons point raillerie sur les ma-
tières de l'honneur, et nous l'avons élevée dans
toute la sévérité possible.

GEORGE DANDIN.

Tout ce que je vous puis dire, c'est qu'il y a
ici un certain courtisan que vous avez vu, qui est
amoureux d'elle à ma barbe, et qui lui a fait
faire des protestations d'amour qu'elle a très
humainement écoutées.

MADAME DE SOTENVILLE.

Jour de Dieu! je l'étranglerois de mes pro-
pres mains s'il falloit qu'elle forlignât de l'honnêteté de sa mère.

MONSIEUR DE SOTENVILLE.

Corbleu! je lui passerois mon épée au travers
du corps, à elle et au galant, si elle avoit fortait
à son honneur.

GEORGE DANDIN.

Je vous ai dit ce qui se passe pour vous faire mes plaintes, et je vous demande raison de cette affaire-là.

MONSIEUR DE SOTENVILLE.

Ne vous tourmentez point, je vous la ferai de tous deux, et je suis homme pour serrer le bouton à qui que ce puisse être. Mais êtes-vous bien sûr aussi de ce que vous nous dites?

GEORGE DANDIN.

Très sûr.

MONSIEUR DE SOTENVILLE.

Prenez bien garde au moins, car entre gentilshommes ce sont des choses chatouilleuses, et il n'est pas question d'aller faire ici un pas de clerc.

GEORGE DANDIN.

Je ne vous ai rien dit, vous dis-je, qui ne soit véritable.

MONSIEUR DE SOTENVILLE.

M'amour, allez-vous-en parler à votre fille, tandis qu'avec mon gendre j'irai parler à l'homme.

MADAME DE SOTENVILLE.

Se pourroit-il, mon fils, qu'elle s'oubliât de la sorte après le sage exemple que vous savez vous-même que je lui ai donné?

MONSIEUR DE SOTENVILLE.

Nous allons éclaircir l'affaire. Suivez-moi, mon gendre, et ne vous mettez pas en peine : vous

George Dandin. 3

verrez de quel bois nous nous chauffons lorsqu'on
s'attaque à ceux qui nous peuvent appartenir.

GEORGE DANDIN.

Le voici qui vient vers nous.

SCÈNE V

MONSIEUR DE SOTENVILLE
CLITANDRE, GEORGE DANDIN.

MONSIEUR DE SOTENVILLE.

Monsieur, suis-je connu de vous?

CLITANDRE.

Non pas que je sache, Monsieur.

MONSIEUR DE SOTENVILLE.

Je m'appelle le baron de Sotenville.

CLITANDRE.

Je m'en réjouis fort.

MONSIEUR DE SOTENVILLE.

Mon nom est connu à la cour, et j'eus l'honneur, dans ma jeunesse, de me signaler des
premiers à l'arrière-ban de Nancy.

CLITANDRE.

A la bonne heure.

MONSIEUR DE SOTENVILLE.

Monsieur mon père, Jean-Gilles de Soten-

ville, eut la gloire d'assister en personne au grand
siège de Montauban.

CLITANDRE.

J'en suis ravi.

MONSIEUR DE SOTENVILLE.

Et j'ai eu un aïeul, Bertrand de Sotenville, qui
fut si considéré en son temps que d'avoir per-
mission de vendre tout son bien pour le voyage
d'outre-mer.

CLITANDRE.

Je le veux croire.

MONSIEUR DE SOTENVILLE.

Il m'a été rapporté, Monsieur, que vous aimez et
poursuivez une jeune personne qui est ma fille,
pour laquelle je m'intéresse, et pour l'homme que
vous voyez, qui a l'honneur d'être mon gendre.

CLITANDRE.

Qui, moi?

MONSIEUR DE SOTENVILLE.

Oui. Et je suis bien aise de vous parler pour
tirer de vous, s'il vous plaît, un éclaircissement
de cette affaire.

CLITANDRE.

Voilà une étrange médisance! Qui vous a dit
cela, Monsieur?

MONSIEUR DE SOTENVILLE.

Quelqu'un qui croit le bien savoir.

CLITANDRE.

Ce quelqu'un-là en a menti. Je suis honnête

homme. Me croyez-vous capable, Monsieur, d'une action aussi lâche que celle-là? Moi, aimer une jeune et belle personne qui a l'honneur d'être la fille de Monsieur le baron de Sotenville! Je vous révère trop pour cela, et suis trop votre serviteur. Quiconque vous l'a dit est un sot.

MONSIEUR DE SOTENVILLE.

Allons, mon gendre.

GEORGE DANDIN.

Quoi?

CLITANDRE.

C'est un coquin et un maraud!

MONSIEUR DE SOTENVILLE.

Répondez.

GEORGE DANDIN.

Répondez vous-même.

CLITANDRE.

Si je savois qui ce peut être, je lui donnerois, en votre présence, de l'épée dans le ventre.

MONSIEUR DE SOTENVILLE.

Soutenez donc la chose!

GEORGE DANDIN.

Elle est toute soutenue : cela est vrai.

CLITANDRE.

Est-ce votre gendre, Monsieur, qui...

MONSIEUR DE SOTENVILLE.

Oui, c'est lui-même qui s'en est plaint à moi.

CLITANDRE.

Certes, il peut remercier l'avantage qu'il a de vous

appartenir, et sans cela je lui apprendrois bien à tenir de pareils discours d'une personne comme moi.

SCÈNE VI

MONSIEUR et MADAME DE SOTENVILLE, ANGÉLIQUE, CLITANDRE, GEORGE DANDIN, CLAUDINE.

MADAME DE SOTENVILLE.

Pour ce qui est de cela, la jalousie est une étrange chose! J'amène ici ma fille pour éclaircir l'affaire en présence de tout le monde.

CLITANDRE, à *Angélique.*

Est-ce donc vous, Madame, qui avez dit à votre mari que je suis amoureux de vous?

ANGÉLIQUE.

Moi! et comment lui aurois-je dit? Est-ce que cela est? Je voudrois bien le voir, vraiment, que vous fussiez amoureux de moi! Jouez-vous-y, je vous en prie; vous trouverez à qui parler. C'est une chose que je vous conseille de faire. Ayez recours, pour voir, à tous les détours des amants. Essayez un peu, par plaisir, à m'envoyer des ambassades, à m'écrire secrètement de petits billets doux, à épier les moments que mon mari n'y sera pas, ou le temps que je sortirai, pour me parler de votre

amour. Vous n'avez qu'à y venir, je vous promets
que vous serez reçu comme il faut.

CLITANDRE.

Hé! là, là, Madame, tout doucement! Il n'est
pas nécessaire de me faire tant de leçons et de
vous tant scandaliser. Qui vous dit que je songe
à vous aimer?

ANGÉLIQUE.

Que sais-je, moi, ce qu'on me vient conter ici?

CLITANDRE.

On dira ce que l'on voudra, mais vous savez si je
vous ai parlé d'amour lorsque je vous ai rencontrée.

ANGÉLIQUE.

Vous n'aviez qu'à le faire, vous auriez été bien
venu!

CLITANDRE.

Je vous assure qu'avec moi vous n'avez rien à
craindre; que je ne suis point homme à donner
du chagrin aux belles, et que je vous respecte
trop, et vous et messieurs vos parents, pour avoir
la pensée d'être amoureux de vous.

MADAME DE SOTENVILLE.

Hé bien! vous le voyez.

MONSIEUR DE SOTENVILLE.

Vous voilà satisfait, mon gendre. Que dites-
vous à cela?

GEORGE DANDIN.

Je dis que ce sont là des contes à dormir debout; que je sais bien ce que je sais, et que tan-

tôt, puisqu'il faut parler, elle a reçu une ambassade de sa part.

ANGÉLIQUE.

Moi! j'ai reçu une ambassade?

CLITANDRE.

J'ai envoyé une ambassade?

ANGÉLIQUE.

Claudine!

CLITANDRE, à Claudine.

Est-il vrai?

CLAUDINE.

Par ma foi, voilà une étrange fausseté.

GEORGE DANDIN.

Taisez-vous, carogne que vous êtes! Je sais de vos nouvelles, et c'est vous qui tantôt avez introduit le courrier.

CLAUDINE.

Qui? moi?

GEORGE DANDIN.

Oui, vous. Ne faites point tant la sucrée.

CLAUDINE.

Hélas! que le monde aujourd'hui est rempli de méchanceté, de m'aller soupçonner ainsi, moi qui suis l'innocence même!

GEORGE DANDIN.

Taisez-vous, bonne pièce. Vous faites la sournoise; mais je vous connois il y a longtemps, et vous êtes une dessalée.

CLAUDINE, *à Angélique.*

Madame, est-ce que...?

GEORGE DANDIN.

Taisez-vous, vous dis-je; vous pourriez bien porter la folle enchère de tous les autres, et vous n'avez point de père gentilhomme.

ANGÉLIQUE.

C'est une imposture si grande, et qui me touche si fort au cœur, que je ne puis pas même avoir la force d'y répondre. Cela est bien horrible d'être accusée par un mari lorsqu'on ne lui fait rien qui ne soit à faire. Hélas! si je suis blâmable de quelque chose, c'est d'en user trop bien avec lui.

CLAUDINE.

Assurément.

ANGÉLIQUE.

Tout mon malheur est de le trop considérer, et plût au Ciel que je fusse capable de souffrir, comme il dit, les galanteries de quelqu'un! je ne serois pas tant à plaindre. Adieu; je me retire, et je ne puis plus endurer qu'on m'outrage de cette sorte.

MADAME DE SOTENVILLE, [*à George Dandin*].

Allez, vous ne méritez pas l'honnête femme qu'on vous a donnée.

CLAUDINE.

Par ma foi, il mériteroit qu'elle lui fît dire vrai, et, si j'étois en sa place, je n'y marchanderois pas. [*A Clitandre.*] Oui, Monsieur, vous devez, pour le punir, faire l'amour à ma maîtresse. Poussez, c'est moi qui vous le dis ; ce sera fort bien employé, et je m'offre à vous y servir, puisqu'il m'en a déjà taxée.

MONSIEUR DE SOTENVILLE.

Vous méritez, mon gendre, qu'on vous dise ces choses-là, et votre procédé met tout le monde contre vous.

MADAME DE SOTENVILLE.

Allez, songez à mieux traiter une demoiselle bien née, et prenez garde désormais à ne plus faire de pareilles bévues.

GEORGE DANDIN, [à part].

J'enrage de bon cœur d'avoir tort lorsque j'ai raison.

CLITANDRE, [à M. de Sotenville].

Monsieur, vous voyez comme j'ai été faussement accusé. Vous êtes homme qui savez les maximes du point d'honneur, et je vous demande raison de l'affront qui m'a été fait.

MONSIEUR DE SOTENVILLE.

Cela est juste, et c'est l'ordre des procédés. Allons, mon gendre, faites satisfaction à Monsieur.

GEORGE DANDIN.

Comment, satisfaction ?

MONSIEUR DE SOTENVILLE.

Oui. Cela se doit dans les règles, pour l'avoir à tort accusé.

GEORGE DANDIN.

C'est une chose, moi, dont je ne demeure

4

pas d'accord, de l'avoir à tort accusé, et je sais bien ce que j'en pense.

MONSIEUR DE SOTENVILLE.

Il n'importe. Quelque pensée qui vous puisse rester, il a nié : c'est satisfaire les personnes, et l'on n'a nul droit de se plaindre de tout homme qui se dédit.

GEORGE DANDIN.

Si bien donc que, si je le trouvois couché avec ma femme, il en seroit quitte pour se dédire.

MONSIEUR DE SOTENVILLE.

Point de raisonnement. Faites-lui les excuses que je vous dis.

GEORGE DANDIN.

Moi ! je lui ferai encore des excuses, après...

MONSIEUR DE SOTENVILLE.

Allons, vous dis-je. Il n'y a rien à balancer, et vous n'avez que faire d'avoir peur d'en trop faire, puisque c'est moi qui vous conduis.

GEORGE DANDIN.

Je ne saurois...

MONSIEUR DE SOTENVILLE.

Corbleu, mon gendre, ne m'échauffez pas la bile; je me mettrois avec lui contre vous. Allons, laissez-vous gouverner par moi.

GEORGE DANDIN, [à part].

Ah ! George Dandin !

MONSIEUR DE SOTENVILLE.

Votre bonnet à la main, le premier : Monsieur est gentilhomme, et vous ne l'êtes pas.

GEORGE DANDIN, [*à part, le bonnet à la main*].

J'enrage !

MONSIEUR DE SOTENVILLE.

Répétez après moi : « Monsieur. »

GEORGE DANDIN.

Monsieur.

MONSIEUR DE SOTENVILLE.

« Je vous demande pardon. » (*Il voit que son gendre fait difficulté de lui obéir.*) Ah !

GEORGE DANDIN.

Je vous demande pardon.

MONSIEUR DE SOTENVILLE.

« Des mauvaises pensées que j'ai eues de vous. »

GEORGE DANDIN.

Des mauvaises pensées que j'ai eues de vous.

MONSIEUR DE SOTENVILLE.

« C'est que je n'avois pas l'honneur de vous connoître. »

GEORGE DANDIN.

C'est que je n'avois pas l'honneur de vous connoître.

MONSIEUR DE SOTENVILLE.

« Et je vous prie de croire. »

GEORGE DANDIN.

Et je vous prie de croire.

MONSIEUR DE SOTENVILLE.

« Que je suis votre serviteur. »

GEORGE DANDIN.

Voulez-vous que je sois serviteur d'un homme
qui me veut faire cocu?

MONSIEUR DE SOTENVILLE. (*Il le menace encore.*)
Ah !

CLITANDRE.

Il suffit, Monsieur.

MONSIEUR DE SOTENVILLE.

Non, je veux qu'il achève, et que tout aille
dans les formes... « Que je suis votre serviteur. »

GEORGE DANDIN.

Que je suis votre serviteur.

CLITANDRE, [*à George Dandin*].

Monsieur, je suis le vôtre de tout mon cœur,
et je ne songe plus à ce qui s'est passé. [*A
M. de Sotenville.*] Pour vous, Monsieur, je vous
donne le bonjour, et suis fâché du petit chagrin que vous avez eu.

MONSIEUR DE SOTENVILLE.

Je vous baise les mains; et, quand il vous
plaira, je vous donnerai le divertissement de
courre un lièvre.

CLITANDRE.

C'est trop de grâce que vous me faites.

[*Il s'en va.*]

MONSIEUR DE SOTENVILLE.

Voilà, mon gendre, comme il faut pousser

les choses. Adieu. Sachez que vous êtes entré dans
une famille qui vous donnera de l'appui et ne
souffrira point que l'on vous fasse aucun affront.

SCÈNE VII

GEORGE DANDIN.

Ah ! que je... Vous l'avez voulu, vous l'avez
voulu, George Dandin, vous l'avez voulu ; cela
vous sied fort bien, et vous voilà ajusté comme
il faut ; vous avez justement ce que vous méritez.
Allons, il s'agit seulement de désabuser le père
et la mère, et je pourrai trouver peut-être quelque
moyen d'y réussir.

ACTE II

SCÈNE PREMIÈRE

CLAUDINE, LUBIN.

CLAUDINE.

Oui, j'ai bien deviné qu'il falloit que cela vînt de toi, et que tu l'eusses dit à quelqu'un qui l'ait rapporté à notre maître.

LUBIN.

Par ma foi, je n'en ai touché qu'un petit mot en passant à un homme, afin qu'il ne dît point qu'il m'avoit vu sortir, et il faut que les gens en ce pays-ci soient de grands babillards.

CLAUDINE.

Vraiment, ce monsieur le vicomte a bien choisi son monde que de te prendre pour son ambassadeur, et il s'est allé servir là d'un homme bien chanceux !

LUBIN.

Va, une autre fois je serai plus fin; et je pren-
drai mieux garde à moi.

CLAUDINE.

Oui, oui, il sera temps.

LUBIN.

Ne parlons plus de cela. Écoute.

CLAUDINE.

Que veux-tu que j'écoute?

LUBIN.

Tourne un peu ton visage devers moi.

CLAUDINE.

Hé bien! qu'est-ce?

LUBIN.

Claudine?

CLAUDINE.

Quoi?

LUBIN.

Hé! là! ne sais-tu pas bien ce que je veux dire?

CLAUDINE.

Non.

LUBIN.

Morgué! je t'aime.

CLAUDINE.

Tout de bon?

LUBIN.

Oui, le diable m'emporte! tu me peux croire,
puisque j'en jure.

CLAUDINE.

A la bonne heure.

LUBIN.

Je me sens tout tribouiller le cœur quand je te regarde.

CLAUDINE.

Je m'en réjouis.

LUBIN.

Comment est-ce que tu fais pour être si jolie?

CLAUDINE.

Je fais comme font les autres.

LUBIN.

Vois-tu, il ne faut point tant de beurre pour faire un quarteron. Si tu veux, tu seras ma femme, je serai ton mari, et nous serons tous deux mari et femme.

CLAUDINE.

Tu serois peut-être jaloux comme notre maître.

LUBIN.

Point.

CLAUDINE.

Pour moi, je hais les maris soupçonneux, et j'en veux un qui ne s'épouvante de rien, un si plein de confiance et si sûr de ma chasteté qu'il me vît sans inquiétude au milieu de trente hommes.

LUBIN.

Hé bien! je serai tout comme cela.

CLAUDINE.

C'est la plus sotte chose du monde que de se défier d'une femme et de la tourmenter. La vérité de l'affaire est qu'on n'y gagne rien de bon ; cela nous fait songer à mal, et ce sont souvent les maris qui avec leurs vacarmes se font eux-mêmes ce qu'ils sont.

LUBIN.

Hé bien ! je te donnerai la liberté de faire tout ce qu'il te plaira.

CLAUDINE.

Voilà comme il faut faire pour n'être point trompé. Lorsqu'un mari se met à notre discrétion, nous ne prenons de liberté que ce qu'il nous en faut, et il en est comme avec ceux qui nous ouvrent leur bourse et nous disent : « Prenez. » Nous en usons honnêtement, et nous nous contentons de la raison. Mais ceux qui nous chicanent, nous nous efforçons de les tondre, et nous ne les épargnons point.

LUBIN.

Va, je serai de ceux qui ouvrent leur bourse, et tu n'as qu'à te marier avec moi.

CLAUDINE.

Hé bien ! bien, nous verrons.

LUBIN.

Viens donc ici, Claudine.

CLAUDINE.

Que veux-tu ?

LUBIN.

Viens, te dis-je.

CLAUDINE.

Ah! doucement. Je n'aime pas les patineurs.

LUBIN.

Eh! un petit brin d'amitié!

CLAUDINE.

Laisse-moi là, te dis-je, je n'entends pas raillerie.

LUBIN.

Claudine!

CLAUDINE, *repoussant Lubin.*

Ahy!

LUBIN.

Ah! que tu es rude à pauvres gens! Fi! que cela est malhonnête de refuser les personnes! N'as-tu point de honte d'être belle et de ne vouloir pas qu'on te caresse? Eh! là!

CLAUDINE.

Je te donnerai sur le nez.

LUBIN.

Oh! la farouche, la sauvage! Fi, poua! la vilaine, qui est cruelle.

CLAUDINE.

Tu t'émancipes trop.

LUBIN.

Qu'est-ce que cela te coûteroit de me laisser un peu faire?

CLAUDINE.

Il faut que tu te donnes patience.

LUBIN.

Un petit baiser seulement en rabattant sur notre mariage.

CLAUDINE.

Je suis votre servante.

LUBIN.

Claudine, je t'en prie, sur l'et-tant-moins.

CLAUDINE.

Eh! que nenni! J'y ai déjà été attrapée. Adieu ; va-t'en, et dis à monsieur le vicomte que j'aurai soin de rendre son billet.

LUBIN.

Adieu, beauté rude ânière.

CLAUDINE.

Le mot est amoureux !

LUBIN.

Adieu, rocher, caillou, pierre de taille, et tout ce qu'il y a de plus dur au monde.

Il s'en va.

CLAUDINE.

Je vais remettre aux mains de ma maîtresse... Mais la voici avec son mari ; éloignons-nous et attendons qu'elle soit seule.

SCÈNE II

GEORGE DANDIN, ANGÉLIQUE, CLITANDRE.

GEORGE DANDIN.

Non, non, on ne m'abuse pas avec tant de facilité, et je ne suis que trop certain que le rapport que l'on m'a fait est véritable. J'ai de meilleurs yeux qu'on ne pense, et votre galimatias ne m'a point tantôt ébloui.

CLITANDRE, *à part, dans le fond du théâtre.*

Ah! la voilà. Mais le mari est avec elle.

GEORGE DANDIN, *sans voir Clitandre.*

Au travers de toutes vos grimaces, j'ai vu la vérité de ce que l'on m'a dit, et le peu de respect que vous avez pour le nœud qui nous joint. [*Angélique salue Clitandre en ayant l'air de faire la révérence à son mari.*] Mon Dieu! laissez là votre révérence; ce n'est pas de ces sortes de respect dont je vous parle, et vous n'avez que faire de vous moquer.

ANGÉLIQUE.

Moi, me moquer? en aucune façon.

GEORGE DANDIN.

Je sais votre pensée, et connois... [*Angélique*

échange un nouveau salut avec Clitandre.] Encore ?
Ah ! ne raillons pas davantage ! Je n'ignore pas
qu'à cause de votre noblesse vous me tenez fort
au-dessous de vous, et le respect que je vous veux
dire ne regarde point ma personne : j'entends
parler de celui que vous devez à des nœuds aussi
vénérables que le sont ceux du mariage... [*Angélique fait un signe à Clitandre.*] Il ne faut point
lever les épaules, et je ne dis point de sottises.

ANGÉLIQUE.

Qui songe à lever les épaules ?

GEORGE DANDIN.

Mon Dieu ! nous voyons clair. Je vous dis
encore une fois que le mariage est une chaîne à
laquelle on doit porter toute sorte de respect, et
que c'est fort mal fait à vous d'en user comme
vous faites... [*Nouveau signe d'Angélique à Clitandre.*] Oui, oui, mal fait à vous ; et vous n'avez
que faire de hocher la tête et de me faire la grimace.

ANGÉLIQUE.

Moi ! je ne sais ce que vous voulez dire.

GEORGE DANDIN.

Je le sais fort bien, moi, et vos mépris me
sont connus. Si je ne suis pas né noble, au moins
suis-je d'une race où il n'y a point de reproche,
et la famille des Dandins...

CLITANDRE, *derrière Angélique, sans être aperçu de*
Dandin.

Un moment d'entretien.

GEORGE DANDIN, *sans voir Clitandre.*

Eh ?

ANGÉLIQUE.

Quoi ? Je ne dis mot.

GEORGE DANDIN, *apercevant Clitandre qui s'éloigne
en lui faisant une grande révérence.*

Le voilà qui vient rôder autour de vous.

ANGÉLIQUE.

Hé bien ! Est-ce ma faute ? Que voulez-vous
que j'y fasse ?

GEORGE DANDIN.

Je veux que vous y fassiez ce que fait une
femme qui ne veut plaire qu'à son mari. Quoi
qu'on en puisse dire, les galants n'obsèdent jamais
que quand on le veut bien : il y a un certain air
doucereux qui les attire, ainsi que le miel fait les
mouches, et les honnêtes femmes ont des ma-
nières qui les savent chasser d'abord.

ANGÉLIQUE.

Moi, les chasser ? et par quelle raison ? Je ne
me scandalise point qu'on me trouve bien faite,
et cela me fait du plaisir.

GEORGE DANDIN.

Oui ! Mais quel personnage voulez-vous que
joue un mari pendant cette galanterie ?

ANGÉLIQUE.

Le personnage d'un honnête homme qui est
bien aise de voir sa femme considérée.

GEORGE DANDIN.

Je suis votre valet. Ce n'est pas là mon compte,
et les Dandins ne sont point accoutumés à cette
mode-là.

ANGÉLIQUE.

Oh ! les Dandins s'y accoutumeront, s'ils veulent : car, pour moi, je vous déclare que mon des-
sein n'est pas de renoncer au monde et de m'en-
terrer toute vive dans un mari. Comment ! parce
qu'un homme s'avise de nous épouser, il faut
d'abord que toutes choses soient finies pour nous,
et que nous rompions tout commerce avec les
vivants ? C'est une chose merveilleuse que cette
tyrannie de messieurs les maris, et je les trouve
bons de vouloir qu'on soit morte à tous les diver-
tissements et qu'on ne vive que pour eux. Je me
moque de cela, et ne veux point mourir si jeune.

GEORGE DANDIN.

C'est ainsi que vous satisfaites aux engagements
de la foi que vous m'avez donnée publiquement ?

ANGÉLIQUE.

Moi, je ne vous l'ai point donnée de bon
cœur, et vous me l'avez arrachée. M'avez-vous,
avant le mariage, demandé mon consentement, et
si je voulois bien de vous ? Vous n'avez consulté
pour cela que mon père et ma mère ; ce sont eux
proprement qui vous ont épousé, et c'est pourquoi
vous ferez bien de vous plaindre toujours à eux
des torts que l'on pourra vous faire. Pour moi, qui

ne vous ai point dit de vous marier avec moi, et
que vous avez prise sans consulter mes sentiments,
je prétends n'être point obligée à me soumettre
en esclave à vos volontés, et je veux jouir, s'il
vous plaît, de quelque nombre de beaux jours que
m'offre la jeunesse, prendre les douces libertés
que l'âge me permet, voir un peu le beau monde,
et goûter le plaisir de m'ouïr dire des douceurs.
Préparez-vous-y, pour votre punition, et rendez
grâces au Ciel de ce que je ne suis pas capable de
quelque chose de pis.

GEORGE DANDIN.

Oui ! c'est ainsi que vous le prenez ? Je suis
votre mari, et je vous dis que je n'entends pas cela.

ANGÉLIQUE.

Moi, je suis votre femme, et je vous dis que
je l'entends.

GEORGE DANDIN, *à part.*

Il me prend des tentations d'accommoder tout
son visage à la compote, et le mettre en état de
ne plaire de sa vie aux diseurs de fleurettes. Ah !
allons, George Dandin, je ne pourrois me retenir,
et il vaut mieux quitter la place.

SCÈNE III

CLAUDINE, ANGÉLIQUE.

CLAUDINE.

J'avois, Madame, impatience qu'il s'en allât pour vous rendre ce mot de la part que vous savez.

ANGÉLIQUE.

Voyons. [*Elle lit bas.*]

CLAUDINE, *à part.*

A ce que je puis remarquer, ce qu'on lui écrit ne lui déplaît pas trop.

ANGÉLIQUE.

Ah ! Claudine, que ce billet s'explique d'une façon galante ! Que dans tous leurs discours et dans toutes leurs actions les gens de cour ont un air agréable ! et qu'est-ce que c'est auprès d'eux que nos gens de province ?

CLAUDINE.

Je crois qu'après les avoir vus les Dandins ne vous plaisent guère.

ANGÉLIQUE.

Demeure ici, je m'en vais faire la réponse.

[*Elle rentre.*]

CLAUDINE.

Je n'ai pas besoin, que je pense, de lui recommander de la faire agréable. Mais voici...

6

SCÈNE IV

CLITANDRE, LUBIN, CLAUDINE.

CLAUDINE.

Vraiment, Monsieur, vous avez pris là un habile
messager.

CLITANDRE.

Je n'ai pas osé envoyer de mes gens. Mais, ma
pauvre Claudine, il faut que je te récompense des
bons offices que je sais que tu m'as rendus.

CLAUDINE.

Eh ! Monsieur, il n'est pas nécessaire. Non,
Monsieur, vous n'avez que faire de vous donner
cette peine-là, et je vous rends service parce que
vous le méritez, et que je me sens au cœur de
l'inclination pour vous.

CLITANDRE.

Je te suis obligé. [*Il lui donne de l'argent.*]

LUBIN, *à Claudine.*

Puisque nous serons mariés, donne-moi cela,
que je le mette avec le mien.

CLAUDINE.

Je te le garde aussi bien que le baiser.

CLITANDRE, *à Claudine.*

Dis-moi, as-tu rendu mon billet à ta belle maîtresse ?

CLAUDINE.

Oui, elle est allée y répondre.

CLITANDRE.

Mais, Claudine, n'y a-t-il pas moyen que je la puisse entretenir ?

CLAUDINE.

Oui, venez avec moi, je vous ferai parler à elle.

CLITANDRE.

Mais le trouvera-t-elle bon, et n'y a-t-il rien à risquer ?

CLAUDINE.

Non, non, son mari n'est pas au logis; et puis ce n'est pas lui qu'elle a le plus à ménager, c'est son père et sa mère, et, pourvu qu'ils soient prévenus, tout le reste n'est point à craindre.

CLITANDRE.

Je m'abandonne à ta conduite.

LUBIN, *seul.*

Testiguenne ! que j'aurai là une habile femme ! Elle a de l'esprit comme quatre.

SCÈNE V

GEORGE DANDIN, LUBIN.

GEORGE DANDIN, *à part.*

Voici mon homme de tantôt. Plût au Ciel qu'il pût se résoudre à vouloir rendre témoignage au père et à la mère de ce qu'ils ne veulent point croire !

LUBIN.

Ah ! vous voilà, monsieur le babillard, à qui j'avois tant recommandé de ne point parler, et qui me l'aviez tant promis. Vous êtes donc un causeur, et vous allez redire ce que l'on vous dit en secret ?

GEORGE DANDIN.

Moi ?

LUBIN.

Oui. Vous avez été tout rapporter au mari ; et vous êtes cause qu'il a fait du vacarme. Je suis bien aise de savoir que vous avez de la langue, et cela m'apprendra à ne vous plus rien dire.

GEORGE DANDIN.

Écoute, mon ami.

LUBIN.

Si vous n'aviez point babillé, je vous aurois conté ce qui se passe à cette heure ; mais, pour votre punition, vous ne saurez rien du tout.

GEORGE DANDIN.

Comment ? Qu'est-ce qui se passe ?

LUBIN.

Rien, rien. Voilà ce que c'est d'avoir causé : vous n'en tâterez plus, et je vous laisse sur la bonne bouche.

GEORGE DANDIN.

Arrête un peu.

LUBIN.

Point.

GEORGE DANDIN.

Je ne te veux dire qu'un mot.

LUBIN.

Nennin, nennin ; vous avez envie de me tirer
les vers du nez.

GEORGE DANDIN.

Non, ce n'est pas cela.

LUBIN.

Eh ! quelque sot ! Je vous vois venir.

GEORGE DANDIN.

C'est autre chose. Écoute.

LUBIN.

Point d'affaire. Vous voudriez que je vous dise
que monsieur le vicomte vient de donner de l'argent à Claudine, et qu'elle l'a mené chez sa maîtresse. Mais je ne suis pas si bête.

GEORGE DANDIN.

De grâce !

LUBIN.

Non.

GEORGE DANDIN.

Je te donnerai...

LUBIN.

Tarare !

SCÈNE VI

GEORGE DANDIN.

Je n'ai pu me servir avec cet innocent de la pensée que j'avois. Mais le nouvel avis qui lui est échappé feroit la même chose ; et, si le galant est chez moi, ce seroit pour avoir raison aux yeux du père et de la mère, et les convaincre pleinement de l'effronterie de leur fille. Le mal de tout ceci, c'est que je ne sais comment faire pour profiter d'un tel avis. Si je rentre chez moi, je ferai évader le drôle ; et, quelque chose que je puisse voir moi-même de mon déshonneur, je n'en serai point cru à mon serment, et l'on me dira que je rêve. Si, d'autre part, je vais quérir beau-père et belle-mère sans être sûr de trouver chez moi le galant, ce sera la même chose, et je retomberai dans l'inconvénient de tantôt. Pour-rois-je point m'éclaircir doucement s'il y est encore ? [*Après avoir été regarder par le trou de la serrure.*] Ah ! Ciel ! il n'en faut plus douter, et je viens de l'apercevoir par le trou de la porte. Le sort me donne ici de quoi confondre ma partie, et, pour achever l'aventure, il fait venir à point nommé les juges dont j'avois besoin.

SCÈNE VII

MONSIEUR et MADAME DE SOTENVILLE, GEORGE DANDIN.

GEORGE DANDIN.

Enfin, vous ne m'avez pas voulu croire tantôt, et votre fille l'a emporté sur moi. Mais j'ai en main de quoi vous faire voir comme elle m'accommode, et, Dieu merci ! mon déshonneur est si clair maintenant que vous n'en pourrez plus douter.

MONSIEUR DE SOTENVILLE.

Comment ! mon gendre, vous en êtes encore là-dessus ?

GEORGE DANDIN.

Oui, j'y suis, et jamais je n'eus tant de sujet d'y être.

MADAME DE SOTENVILLE.

Vous nous venez encore étourdir la tête ?

GEORGE DANDIN.

Oui, Madame, et l'on fait bien pis à la mienne.

MONSIEUR DE SOTENVILLE.

Ne vous lassez-vous point de vous rendre importun ?

GEORGE DANDIN.

Non ; mais je me lasse fort d'être pris pour dupe.

MADAME DE SOTENVILLE.

Ne voulez-vous point vous défaire de vos pensées extravagantes ?

GEORGE DANDIN.

Non, Madame ; mais je voudrois bien me défaire d'une femme qui me déshonore.

MADAME DE SOTENVILLE.

Jour de Dieu ! notre gendre, apprenez à parler.

MONSIEUR DE SOTENVILLE.

Corbleu ! cherchez des termes moins offensants que ceux-là.

GEORGE DANDIN.

Marchand qui perd ne peut rire.

MADAME DE SOTENVILLE.

Souvenez-vous que vous avez épousé une demoiselle.

GEORGE DANDIN.

Je m'en souviens assez, et ne m'en souviendrai que trop.

MONSIEUR DE SOTENVILLE.

Si vous vous en souvenez, songez donc à parler d'elle avec plus de respect.

GEORGE DANDIN.

Mais que ne songe-t-elle plutôt à me traiter plus honnêtement ? Quoi ! parce qu'elle est demoiselle, il faut qu'elle ait la liberté de me faire ce qui lui plaît sans que j'ose souffler ?

MONSIEUR DE SOTENVILLE.

Qu'avez-vous donc, et que pouvez-vous dire ?

N'avez-vous pas vu ce matin qu'elle s'est défendue
de connoître celui dont vous m'étiez venu parler?

GEORGE DANDIN.

Oui. Mais vous, que pourrez-vous dire si je
vous fais voir maintenant que le galant est avec elle?

MADAME DE SOTENVILLE.

Avec elle?

GEORGE DANDIN.

Oui, avec elle, et dans ma maison.

MONSIEUR DE SOTENVILLE.

Dans votre maison?

GEORGE DANDIN.

Oui, dans ma propre maison.

MADAME DE SOTENVILLE.

Si cela est, nous serons pour vous contre elle.

MONSIEUR DE SOTENVILLE.

Oui : l'honneur de notre famille nous est plus
cher que toute chose ; et, si vous dites vrai, nous
la renoncerons pour notre sang, et l'abandon-
nerons à votre colère.

GEORGE DANDIN.

Vous n'avez qu'à me suivre.

MADAME DE SOTENVILLE.

Gardez de vous tromper.

MONSIEUR DE SOTENVILLE.

N'allez pas faire comme tantôt.

GEORGE DANDIN.

Mon Dieu ! vous allez voir. [*Montrant Clitandre qui sort avec Angélique.*] Tenez ! ai-je menti ?

George Dandin.   7

SCÈNE VIII

ANGÉLIQUE, CLITANDRE, CLAUDINE,
MONSIEUR et MADAME DE SOTENVILLE,
GEORGE DANDIN.

ANGÉLIQUE, *à Clitandre.*

Adieu. J'ai peur qu'on vous surprenne ici, et
j'ai quelques mesures à garder.

CLITANDRE.

Promettez-moi donc, Madame, que je pourrai
vous parler cette nuit.

ANGÉLIQUE.

J'y ferai mes efforts.

GEORGE DANDIN, *à M. et à Mme de Sotenville.*

Approchons doucement par derrière, et tâchons
de n'être point vus.

CLAUDINE.

Ah ! Madame, tout est perdu : voilà votre père
et votre mère accompagnés de votre mari.

CLITANDRE.

Ah ! Ciel !

ANGÉLIQUE, *bas.*

Ne faites pas semblant de rien, et me laissez
faire tous deux. [*Haut, à Clitandre.*] Quoi ! vous

osez en user de la sorte, après l'affaire de tantôt,
et c'est ainsi que vous dissimulez vos sentiments?
On me vient rapporter que vous avez de l'amour
pour moi, et que vous faites des desseins de me
solliciter ; j'en témoigne mon dépit, et m'explique
à vous clairement en présence de tout le monde.
Vous niez hautement la chose, et me donnez
parole de n'avoir aucune pensée de m'offenser ;
et cependant, le même jour, vous prenez la har-
diesse de venir chez moi me rendre visite, de me
dire que vous m'aimez, et de me faire cent sots
contes pour me persuader de répondre à vos
extravagances : comme si j'étois femme à violer
la foi que j'ai donnée à un mari et m'éloigner jamais de la vertu que mes parents m'ont enseignée !
Si mon père savoit cela, il vous apprendroit bien
à tenter de ces entreprises. Mais une honnête
femme n'aime point les éclats. Je n'ai garde de
lui en rien dire, et je veux vous montrer que,
toute femme que je suis, j'ai assez de courage
pour me venger moi-même des offenses que l'on
me fait. L'action que vous avez faite n'est pas d'un
gentilhomme, et ce n'est pas en gentilhomme
aussi que je veux vous traiter.

*(Elle prend un bâton, et bat son mari au lieu
de Clitandre, qui se met entre-deux.)*

CLITANDRE, *criant comme s'il avoit été frappé.*

Ah ! ah ! ah ! ah ! ah ! Doucement.

[Il s'enfuit.]

CLAUDINE.

Fort, Madame, frappez comme il faut.

ANGÉLIQUE, *faisant semblant de parler à Clitandre.*

S'il vous demeure quelque chose sur le cœur, je suis pour vous répondre.

CLAUDINE.

Apprenez à qui vous vous jouez.

ANGÉLIQUE, *faisant l'étonnée.*

Ah ! mon père, vous êtes là ?

MONSIEUR DE SOTENVILLE.

Oui, ma fille, et je vois qu'en sagesse et en courage tu te montres un digne rejeton de la maison de Sotenville. Viens ça, approche-toi, que je t'embrasse.

MADAME DE SOTENVILLE.

Embrasse-moi aussi, ma fille. Las! je pleure de joie, et reconnois mon sang aux choses que tu viens de faire.

MONSIEUR DE SOTENVILLE.

Mon gendre, que vous devez être ravi, et que cette aventure est pour vous pleine de douceurs ! Vous aviez un juste sujet de vous alarmer, mais vos soupçons se trouvent dissipés le plus avantageusement du monde.

MADAME DE SOTENVILLE.

Sans doute, notre gendre, et vous devez maintenant être le plus content des hommes.

CLAUDINE.

Assurément. Voilà une femme, celle-là ; vous

êtes trop heureux de l'avoir, et vous devriez
baiser les pas par où elle passe.

GEORGE DANDIN, *à part.*

Euh ! traîtresse !

MONSIEUR DE SOTENVILLE.

Qu'est-ce, mon gendre ? Que ne remerciez-
vous un peu votre femme de l'amitié que vous
voyez qu'elle montre pour vous ?

ANGÉLIQUE.

Non, non, mon père, il n'est pas nécessaire.
Il ne m'a aucune obligation de ce qu'il vient de
voir, et tout ce que j'en fais n'est que pour
l'amour de moi-même.

MONSIEUR DE SOTENVILLE.

Où allez-vous, ma fille ?

ANGÉLIQUE.

Je me retire, mon père, pour ne me voir point
obligée à recevoir ses compliments.

CLAUDINE, *à George Dandin.*

Elle a raison d'être en colère. C'est une femme
qui mérite d'être adorée, et vous ne la traitez
pas comme vous devriez.

GEORGE DANDIN, *à part.*

Scélérate !

MONSIEUR DE SOTENVILLE.

C'est un petit ressentiment de l'affaire de tantôt,
et cela se passera avec un peu de caresse que
vous lui ferez. Adieu, mon gendre, vous voilà en
état de ne vous plus inquiéter. Allez-vous-en faire

la paix ensemble, et tâchez de l'apaiser par des
excuses de votre emportement.

MADAME DE SOTENVILLE.

Vous devez considérer que c'est une jeune fille
élevée à la vertu, et qui n'est point accoutumée
à se voir soupçonner d'aucune vilaine action.
Adieu. Je suis ravie de voir vos désordres finis, et
des transports de joie que vous doit donner sa
conduite.

GEORGE DANDIN, *seul.*

Je ne dis mot, car je ne gagnerois rien à parler,
et jamais il ne s'est rien vu d'égal à ma disgrâce.
Oui, j'admire mon malheur, et la subtile adresse
de ma carogne de femme pour se donner toujours
raison et me faire avoir tort. Est-il possible que
toujours j'aurai du dessous avec elle, que les ap-
parences toujours tourneront contre moi, et que
je ne parviendrai point à convaincre mon effrontée? O Ciel! seconde mes desseins, et m'ac-
corde la grâce de faire voir aux gens que l'on me
déshonore!

ACTE III

SCÈNE PREMIÈRE

CLITANDRE, LUBIN.

CLITANDRE.

LA nuit est avancée, et j'ai peur qu'il ne soit trop tard. Je ne vois point à me conduire. Lubin !

LUBIN.

Monsieur !

CLITANDRE.

Est-ce par ici ?

LUBIN.

Je pense que oui. Morgué ! voilà une sotte nuit, d'être si noire que cela.

CLITANDRE.

Elle a tort assurément. Mais, si d'un côté elle nous empêche de voir, elle empêche de l'autre que nous ne soyons vus.

LUBIN.

Vous avez raison, elle n'a pas tant de tort.
Je voudrois bien savoir, Monsieur, vous qui êtes
savant, pourquoi il ne fait point jour la nuit?

CLITANDRE.

C'est une grande question, et qui est difficile.
Tu es curieux, Lubin.

LUBIN.

Oui. Si j'avois étudié, j'aurois été songer à
des choses où on n'a jamais songé.

CLITANDRE.

Je le crois. Tu as la mine d'avoir l'esprit subtil
et pénétrant.

LUBIN.

Cela est vrai. Tenez, j'explique du latin,
quoique jamais je ne l'aie appris; et voyant l'autre
jour écrit sur une grande porte *Collegium*, je de-
vinai que cela vouloit dire collège.

CLITANDRE.

Cela est admirable! Tu sais donc lire, Lubin?

LUBIN.

Oui, je sais lire la lettre moulée, mais je n'ai
jamais su apprendre à lire l'écriture.

CLITANDRE.

Nous voici contre la maison. [*Il frappe dans
ses mains.*] C'est le signal que m'a donné Claudine.

LUBIN.

Par ma foi! c'est une fille qui vaut de l'argent,
et je l'aime de tout mon cœur.

CLITANDRE.

Aussi t'ai-je amené avec moi pour l'entretenir.

LUBIN.

Monsieur, je vous suis...

CLITANDRE.

Chut ! J'entends quelque bruit.

SCÈNE II

ANGÉLIQUE, CLAUDINE, CLITANDRE, LUBIN.

ANGÉLIQUE.

Claudine !

CLAUDINE.

Hé bien ?

ANGÉLIQUE.

Laisse la porte entr'ouverte.

CLAUDINE.

Voilà qui est fait.

CLITANDRE, *à Lubin.*

Ce sont elles. St !

ANGÉLIQUE.

St !

LUBIN.

St !

CLAUDINE.

St !

8

CLITANDRE, *à Claudine.*

Madame !

ANGÉLIQUE, *à Lubin.*

Quoi ?

LUBIN, *à Angélique.*

Claudine !

CLAUDINE, *à Clitandre.*

Qu'est-ce ?

CLITANDRE, *à Claudine.*

Ah ! Madame, que j'ai de joie !

LUBIN, *à Angélique.*

Claudine ! ma pauvre Claudine !

CLAUDINE, *à Clitandre.*

Doucement, Monsieur.

ANGÉLIQUE, *à Lubin.*

Tout beau, Lubin.

CLITANDRE.

Est-ce toi, Claudine ?

CLAUDINE.

Oui.

LUBIN.

Est-ce vous, Madame ?

ANGÉLIQUE.

Oui.

CLAUDINE, *à Clitandre.*

Vous avez pris l'une pour l'autre.

LUBIN, *à Angélique.*

Ma foi, la nuit on n'y voit goutte.

ANGÉLIQUE.

Est-ce pas vous, Clitandre ?

CLITANDRE.

Oui, Madame.

ANGÉLIQUE.

Mon mari ronfle comme il faut, et j'ai pris
ce temps pour nous entretenir ici.

CLITANDRE.

Cherchons quelque lieu pour nous asseoir.

CLAUDINE.

C'est fort bien avisé.

(Ils vont s'asseoir au fond du théâtre.)

LUBIN.

Claudine, où est-ce que tu es ?

SCÈNE III

GEORGE DANDIN, LUBIN.

GEORGE DANDIN, à part.

J'ai entendu descendre ma femme, et je me
suis vite habillé pour descendre après elle. Où
peut-elle être allée ? Seroit-elle sortie ?

LUBIN. (Il prend George Dandin pour Claudine.)

Où es-tu donc, Claudine ? Ah ! te voilà. Par
ma foi ! ton maître est plaisamment attrapé, et je

trouve ceci aussi drôle que les coups de bâton
de tantôt dont on m'a fait récit. Ta maîtresse dit
qu'il ronfle à cette heure comme tous les diantres,
et il ne sait pas que monsieur le vicomte et elle
sont ensemble pendant qu'il dort. Je voudrois
bien savoir quel songe il fait maintenant. Cela est
tout à fait risible! De quoi s'avise-t-il aussi d'être
jaloux de sa femme, et de vouloir qu'elle soit à
lui tout seul? C'est un impertinent, et monsieur le
vicomte lui fait trop d'honneur. Tu ne dis mot,
Claudine? Allons, suivons-les, et me donne ta
petite menotte que je la baise. Ah! que cela est
doux! Il me semble que je mange des confitures.

(Comme il baise la main de Dandin, Dandin
la lui pousse rudement au visage.)

Tubleu! comme vous y allez! Voilà une petite
menotte qui est un peu bien rude.

GEORGE DANDIN.

Qui va là?

LUBIN.

Personne.

GEORGE DANDIN.

Il fuit, et me laisse informé de la nouvelle per-
fidie de ma coquine. Allons, il faut que sans tarder
j'envoie appeler son père et sa mère, et que cette
aventure me serve à me faire séparer d'elle. Holà!
Colin! Colin!

SCÈNE IV

COLIN, GEORGE DANDIN.

COLIN, *à la fenêtre.*

Monsieur.

GEORGE DANDIN.

Allons, vite, ici-bas.

COLIN, *en sautant par la fenêtre.*

M'y voilà on ne peut pas plus vite.

GEORGE DANDIN.

Tu es là ?

COLIN.

Oui, Monsieur.

GEORGE DANDIN.

*(Pendant qu'il va lui parler d'un côté, Colin
va de l'autre.)*

Doucement. Parle bas. Ecoute : va-t'en chez
mon beau-père et ma belle-mère, et dis que je
les prie très instamment de venir tout à l'heure
ici. Entends-tu ? Eh ! Colin ! Colin !

COLIN, *de l'autre côté.*

Monsieur.

GEORGE DANDIN.

Où diable es-tu ?

COLIN.

Ici.

(Comme ils se vont tous deux chercher, l'un passe d'un côté et l'autre de l'autre.)

GEORGE DANDIN.

Peste soit du maroufle qui s'éloigne de moi ! Je te dis que tu ailles de ce pas trouver mon beau-père et ma belle-mère, et leur dire que je les conjure de se rendre ici tout à l'heure. M'entends-tu bien ? Réponds. Colin ! Colin !

COLIN, *de l'autre côté.*

Monsieur.

GEORGE DANDIN.

Voilà un pendard qui me fera enrager. Viens-t'en à moi. *(Ils se cognent.)* Ah ! le traître ! il m'a estropié. Où est-ce que tu es ? Approche, que je te donne mille coups. Je pense qu'il me fuit.

COLIN.

Assurément.

GEORGE DANDIN.

Veux-tu venir ?

COLIN.

Nenni, ma foi.

GEORGE DANDIN.

Viens, te dis-je.

COLIN.

Point : vous me voulez battre.

GEORGE DANDIN.

Hé bien ! non. Je ne te ferai rien.

COLIN.

Assurément ?

GEORGE DANDIN.

Oui. Approche. Bon ! Tu es bien heureux de ce que j'ai besoin de toi. Va-t'en vite de ma part prier mon beau-père et ma belle-mère de se rendre ici le plus tôt qu'ils pourront, et leur dis que c'est pour une affaire de la dernière conséquence. Et, s'ils faisoient quelque difficulté à cause de l'heure, ne manque pas de les presser et de leur bien faire entendre qu'il est très important qu'ils viennent, en quelque état qu'ils soient. Tu m'entends bien maintenant ?

COLIN.

Oui, Monsieur.

GEORGE DANDIN.

Va vite, et reviens de même. Et moi, je vais rentrer dans ma maison, attendant que... Mais j'entends quelqu'un. Ne seroit-ce point ma femme ? Il faut que j'écoute, et me serve de l'obscurité qu'il fait.

SCÈNE V

CLITANDRE, ANGÉLIQUE, GEORGE DANDIN, CLAUDINE, LUBIN.

ANGÉLIQUE.

Adieu. Il est temps de se retirer.

CLITANDRE.

Quoi ! si tôt ?

ANGÉLIQUE.

Nous nous sommes assez entretenus.

CLITANDRE.

Ah ! Madame, puis-je assez vous entretenir, et trouver en si peu de temps toutes les paroles dont j'ai besoin ? Il me faudrait des journées entières pour me bien expliquer à vous de tout ce que je sens, et je ne vous ai pas dit encore la moindre partie de ce j'ai à vous dire.

ANGÉLIQUE.

Nous en écouterons une autre fois davantage.

CLITANDRE.

Hélas ! de quel coup me percez-vous l'âme lorsque vous parlez de vous retirer, et avec combien de chagrins m'allez-vous laisser maintenant !

ANGÉLIQUE.

Nous trouverons moyen de nous revoir.

CLITANDRE.

Oui. Mais je songe qu'en me quittant vous allez trouver un mari. Cette pensée m'assassine, et les privilèges qu'ont les maris sont des choses cruelles pour un amant qui aime bien.

ANGÉLIQUE.

Serez-vous assez foible pour avoir cette inquiétude, et pensez-vous qu'on soit capable d'aimer de certains maris qu'il y a ? On les prend parce qu'on ne s'en peut défendre, et que l'on dépend de parents qui n'ont des yeux que pour le bien; mais on sait leur rendre justice, et l'on se moque fort de les considérer au delà de ce qu'ils méritent.

GEORGE DANDIN, *à part.*

Voilà nos carognes de femmes !

CLITANDRE.

Ah! qu'il faut avouer que celui qu'on vous a donné étoit peu digne de l'honneur qu'il a reçu, et que c'est une étrange chose que l'assemblage qu'on a fait d'une personne comme vous avec un homme comme lui.

GEORGE DANDIN, *à part.*

Pauvres maris! Voilà comme on vous traite !

CLITANDRE.

Vous méritez sans doute une toute autre destinée, et le Ciel ne vous a point faite pour être la femme d'un paysan.

GEORGE DANDIN.

Plût au Ciel fût-elle la tienne! Tu changerois bien de langage. Rentrons; c'en est assez.

(Il rentre, et ferme la porte.)

CLAUDINE.

Madame, si vous avez à dire du mal de votre mari, dépêchez vite, car il est tard.

CLITANDRE.

Ah! Claudine, que tu es cruelle !

ANGÉLIQUE.

Elle a raison. Séparons-nous.

CLITANDRE.

Il faut donc s'y résoudre, puisque vous le voulez. Mais au moins je vous conjure de me plaindre
un peu des méchants moments que je vais passer.

ANGÉLIQUE.

Adieu.

LUBIN.

Où es-tu, Claudine, que je te donne le bonsoir?

CLAUDINE.

Va, va, je le reçois de loin, et je t'en renvoie
autant.

SCÈNE VI

ANGÉLIQUE, CLAUDINE, GEORGE DANDIN.

ANGÉLIQUE.

Rentrons sans faire de bruit.

CLAUDINE.

La porte s'est fermée.

ANGÉLIQUE.

J'ai le passe-partout.

CLAUDINE.

Ouvrez donc doucement.

ANGÉLIQUE.

On a fermé en dedans, et je ne sais comment
nous ferons.

CLAUDINE.

Appelez le garçon qui couche là.

ANGÉLIQUE.

Colin! Colin! Colin!

GEORGE DANDIN, *mettant la tête à la fenêtre.*

Colin? Colin? Ah! je vous y prends donc,
Madame ma femme, et vous faites des *escampativos* pendant que je dors! Je suis bien aise de cela,
et de vous voir dehors à l'heure qu'il est.

ANGÉLIQUE.

Hé bien! quel grand mal est-ce qu'il y a à
prendre le frais la nuit?

GEORGE DANDIN.

Oui, oui. L'heure est bonne à prendre le frais!
C'est bien plutôt le chaud, Madame la coquine,
et nous savons toute l'intrigue du rendez-vous
et du damoiseau. Nous avons entendu votre galant entretien, et les beaux vers à ma louange que
vous avez dits l'un et l'autre. Mais ma consola-
tion, c'est que je vais être vengé, et que votre
père et votre mère seront convaincus maintenant
de la justice de mes plaintes et du déréglement
de votre conduite. Je les ai envoyé querir, et ils
vont être ici dans un moment.

ANGÉLIQUE, *à part.*

Ah! Ciel!

CLAUDINE.

Madame !

GEORGE DANDIN.

Voilà un coup sans doute où vous ne vous attendiez pas. C'est maintenant que je triomphe, et j'ai de quoi mettre à bas votre orgueil et détruire vos artifices. Jusques ici, vous avez joué mes accusations, ébloui vos parents et plâtré vos malversations. J'ai eu beau voir et beau dire, votre adresse toujours l'a emporté sur mon bon droit, et toujours vous avez trouvé moyen d'avoir raison; mais à cette fois, Dieu merci, les choses vont être éclaircies, et votre effronterie sera pleinement confondue.

ANGÉLIQUE.

Hé ! je vous prie, faites-moi ouvrir la porte.

GEORGE DANDIN.

Non, non, il faut attendre la venue de ceux que j'ai mandés, et je veux qu'ils vous trouvent dehors à la belle heure qu'il est. En attendant qu'ils viennent, songez, si vous voulez, à chercher dans votre tête quelque nouveau détour pour vous tirer de cette affaire, à inventer quelque moyen de rhabiller votre escapade, à trouver quelque belle ruse pour éluder ici les gens et paroître innocente, quelque prétexte spécieux de pèlerinage nocturne, ou d'amie en travail d'enfant que vous venez de secourir.

ANGÉLIQUE.

Non, mon intention n'est pas de vous rien déguiser. Je ne prétends point me défendre, ni vous nier les choses, puisque vous les savez.

GEORGE DANDIN.

C'est que vous voyez bien que tous les moyens vous en sont fermés, et que dans cette affaire vous ne sauriez inventer d'excuse qu'il ne me soit facile de convaincre de fausseté.

ANGÉLIQUE.

Oui. Je confesse que j'ai tort, et que vous avez sujet de vous plaindre. Mais je vous demande, par grâce, de ne m'exposer point maintenant à la mauvaise humeur de mes parents, et de me faire promptement ouvrir.

GEORGE DANDIN.

Je vous baise les mains.

ANGÉLIQUE.

Eh ! mon pauvre petit mari, je vous en conjure !

GEORGE DANDIN.

Eh ! mon pauvre petit mari ? Je suis votre petit mari maintenant, parce que vous vous sentez prise. Je suis bien aise de cela, et vous ne vous étiez jamais avisée de me dire de ces douceurs.

ANGÉLIQUE.

Tenez, je vous promets de ne vous plus donner aucun sujet de déplaisir, et de me...

GEORGE DANDIN.

Tout cela n'est rien. Je ne veux point perdre cette aventure, et il m'importe qu'on soit une fois éclairci à fond de vos déportements.

ANGÉLIQUE.

De grâce, laissez-moi vous dire. Je vous demande un moment d'audience.

GEORGE DANDIN.

Hé bien, quoi ?

ANGÉLIQUE.

Il est vrai que j'ai failli, je vous l'avoue encore une fois, et que votre ressentiment est juste ; que j'ai pris le temps de sortir pendant que vous dormiez, et que cette sortie est un rendez-vous que j'avois donné à la personne que vous dites. Mais enfin ce sont des actions que vous devez pardonner à mon âge, des emportements de jeune personne qui n'a encore rien vu et ne fait que d'entrer au monde, des libertés où l'on s'abandonne sans y penser de mal, et qui sans doute dans le fond n'ont rien de...

GEORGE DANDIN.

Oui, vous le dites, et ce sont de ces choses qui ont besoin qu'on les croie pieusement.

ANGÉLIQUE.

Je ne veux point m'excuser par là d'être coupable envers vous, et je vous prie seulement d'oublier une offense dont je vous demande pardon de tout mon cœur, et de m'épargner, en cette rencontre, le déplaisir que me pourroient causer les reproches fâcheux de mon père et de ma mère. Si vous m'accordez généreusement la grâce que je vous demande, ce procédé obligeant, cette

bonté que vous me ferez voir, me gagnera entiè-
rement. Elle touchera tout à fait mon cœur, et y
fera naître pour vous ce que tout le pouvoir de
mes parents et les liens du mariage n'avoient' pu
y jeter. En un mot, elle sera cause que je re-
noncerai à toutes les galanteries, et n'aurai de
l'attachement que pour vous. Oui, je vous donne
ma parole que vous m'allez voir désormais la
meilleure femme du monde, et que je vous témoi-
gnerai tant d'amitié, tant d'amitié, que vous en
serez satisfait.

GEORGE DANDIN.

Ah ! crocodile, qui flatte les gens pour les étran-
gler !

ANGÉLIQUE.

Accordez-moi cette faveur.

GEORGE DANDIN.

Point d'affaires. Je suis inexorable.

ANGÉLIQUE.

Montrez-vous généreux.

GEORGE DANDIN.

Non.

ANGÉLIQUE.

De grâce !

GEORGE DANDIN.

Point.

ANGÉLIQUE.

Je vous en conjure de tout mon cœur.

GEORGE DANDIN.

Non, non, non! Je veux qu'on soit détrompé
de vous et que votre confusion éclate.

ANGÉLIQUE.

Hé bien! si vous me réduisez au désespoir,
je vous avertis qu'une femme en cet état est capable de tout, et que je ferai quelque chose ici
dont vous vous repentirez.

GEORGE DANDIN.

Et que ferez-vous, s'il vous plaît?

ANGÉLIQUE.

Mon cœur se portera jusqu'aux extrêmes ré-
solutions, et de ce couteau que voici je me tuerai
sur la place.

GEORGE DANDIN.

Ah! ah! à la bonne heure!

ANGÉLIQUE.

Pas tant à la bonne heure pour vous que vous
vous imaginez. On sait de tous côtés nos différends et les chagrins perpétuels que vous concevez
contre moi. Lorsqu'on me trouvera morte, il n'y
aura personne qui mette en doute que ce ne soit
vous qui m'aurez tuée; et mes parents ne sont
pas gens assurément à laisser cette mort impunie,
et ils en feront sur votre personne toute la punition que leur pourront offrir et les poursuites de
la justice et la chaleur de leur ressentiment. C'est
par là que je trouverai moyen de me venger de
vous, et je ne suis pas la première qui ait su

recourir à de pareilles vengeances, qui n'ait pas fait difficulté de se donner la mort pour perdre ceux qui ont la cruauté de nous pousser à la dernière extrémité.

 GEORGE DANDIN.

Je suis votre valet. On ne s'avise plus de se tuer soi-même, et la mode en est passée il y a longtemps.

ANGÉLIQUE.

C'est une chose dont vous pouvez vous tenir sûr; et, si vous persistez dans votre refus, si vous ne me faites ouvrir, je vous jure que tout à l'heure je vais vous faire voir jusques où peut aller la résolution d'une personne qu'on met au désespoir.

GEORGE DANDIN.

Bagatelles, bagatelles. C'est pour me faire peur.

ANGÉLIQUE.

Hé bien! puisqu'il le faut, voici qui nous contentera tous deux et montrera si je me moque. [*Après avoir fait semblant de se tuer*]. Ah! c'en est fait! Fasse le Ciel que ma mort soit vengée comme je le souhaite, et que celui qui en est cause reçoive un juste châtiment de la dureté qu'il a eue pour moi!

GEORGE DANDIN.

Ouais! seroit-elle bien si malicieuse que de s'être tuée pour me faire pendre? Prenons un bout de chandelle pour aller voir.

ANGÉLIQUE, *à Claudine.*

St! Paix. Rangeons-nous chacune immédiatement contre un des côtés de la porte.

GEORGE DANDIN.

La méchanceté d'une femme iroit-elle bien jusque-là ?

(Il sort avec un bout de chandelle sans les apercevoir ; elles entrent, aussitôt elles ferment la porte.)

[*Seul, après avoir regardé partout.*] Il n'y a personne. Eh! je m'en étois bien douté, et la pendarde s'est retirée, voyant qu'elle ne gagnoit rien après moi, ni par prières ni par menaces. Tant mieux! cela rendra ses affaires encore plus mauvaises, et le père et la mère, qui vont venir, en verront mieux son crime. [*Après avoir été à la porte de sa maison pour rentrer.*] Ah! ah! la porte s'est fermée. Holà! ho! quelqu'un! Qu'on m'ouvre promptement!

ANGÉLIQUE, *à la fenêtre avec Claudine.*

Comment, c'est toi? D'où viens-tu, bon pendard? Est-il l'heure de revenir chez soi quand le jour est prêt de paroître, et cette manière de vie est-elle celle que doit suivre un honnête mari ?

CLAUDINE.

Cela est-il beau d'aller ivrogner toute la nuit, et de laisser ainsi toute seule une pauvre jeune femme dans la maison?

GEORGE DANDIN.

Comment ! vous avez...

ANGÉLIQUE.

Va, va, traître, je suis lasse de tes déportements, et je m'en veux plaindre sans plus tarder
à mon père et à ma mère.

GEORGE DANDIN.

Quoi ! c'est ainsi que vous osez...

SCÈNE VII

MONSIEUR ET MADAME DE SOTEN-
VILLE, COLIN, CLAUDINE, ANGÉLIQUE,
GEORGE DANDIN.

*(Monsieur et Madame de Sotenville sont en des
habits de nuit, et conduits par Colin, qui porte
une lanterne.)*

ANGÉLIQUE.

Approchez, de grâce, et venez me faire raison
de l'insolence la plus grande du monde, d'un mari
à qui le vin et la jalousie ont troublé de telle
sorte la cervelle qu'il ne sait plus ni ce qu'il dit
ni ce qu'il fait, et vous a lui-même envoyé quérir
pour vous faire témoins de l'extravagance la plus
étrange dont on ait jamais ouï parler. Le voilà

qui revient, comme vous voyez, après s'être fait
attendre toute la nuit ; et, si vous voulez l'écouter,
il vous dira qu'il a les plus grandes plaintes du
monde à vous faire de moi ; que, durant qu'il
dormoit, je me suis dérobée d'auprès de lui pour
m'en aller courir, et cent autres contes de même
nature qu'il est allé rêver.

GEORGE DANDIN, *à part.*

Voilà une méchante carogne !

CLAUDINE.

Oui, il nous a voulu faire accroire qu'il étoit
dans la maison, et que nous en étions dehors ;
et c'est une folie qu'il n'y a pas moyen de lui
ôter de la tête.

MONSIEUR DE SOTENVILLE.

Comment ! qu'est-ce à dire cela?

MADAME DE SOTENVILLE.

Voilà une furieuse impudence que de nous
envoyer querir.

GEORGE DANDIN.

Jamais...

ANGÉLIQUE.

Non, mon père, je ne puis plus souffrir un mari
de la sorte. Ma patience est poussée à bout, et
il vient de me dire cent paroles injurieuses.

MONSIEUR DE SOTENVILLE.

Corbleu ! vous êtes un malhonnête homme.

CLAUDINE.

C'est une conscience de voir une pauvre jeune

femme traitée de la façon, et cela crie vengeance au Ciel.

GEORGE DANDIN.

Peut-on...

MADAME DE SOTENVILLE.

Allez, vous devriez mourir de honte.

GEORGE DANDIN.

Laissez-moi vous dire deux mots.

ANGÉLIQUE.

Vous n'avez qu'à l'écouter, il va vous en conter de belles !

GEORGE DANDIN, *à part.*

Je désespère.

CLAUDINE.

Il a tant bu, que je ne pense pas qu'on puisse durer contre lui, et l'odeur du vin qu'il souffle est montée jusqu'à nous.

GEORGE DANDIN.

Monsieur mon beau-père, je vous conjure...

MONSIEUR DE SOTENVILLE.

Retirez-vous ; vous puez le vin à pleine bouche.

GEORGE DANDIN.

Madame, je vous prie...

MADAME DE SOTENVILLE.

Fi ! ne m'approchez pas ; votre haleine est empestée.

GEORGE DANDIN, [*à M. de Sotenville*].

Souffrez que je vous...

MONSIEUR DE SOTENVILLE.

Retirez-vous, vous dis-je; on ne peut vous souffrir.

GEORGE DANDIN, *à Madame de Sotenville.*

Permettez, de grâce, que...

MADAME DE SOTENVILLE.

Poua ! vous m'engloutissez le cœur. Parlez de loin, si vous voulez.

GEORGE DANDIN.

Hé bien ! oui, je parle de loin. Je vous jure que je n'ai bougé de chez moi, et que c'est elle qui est sortie.

ANGÉLIQUE.

Ne voilà pas ce que je vous ai dit ?

CLAUDINE.

Vous voyez quelle apparence il y a.

MONSIEUR DE SOTENVILLE.

[*A George Dandin*].

Allez. Vous vous moquez des gens. Descendez, ma fille, et venez ici.

GEORGE DANDIN.

J'atteste le Ciel que j'étais dans la maison, et que...

MADAME DE SOTENVILLE.

Taisez-vous, c'est une extravagance qui n'est pas supportable.

GEORGE DANDIN.

Que la foudre m'écrase tout à l'heure, si...

MONSIEUR DE SOTENVILLE.

Ne nous rompez pas davantage la tête, et
songez à demander pardon à votre femme.

GEORGE DANDIN.

Moi, demander pardon ?

MONSIEUR DE SOTENVILLE.

Oui, pardon, et sur-le-champ.

GEORGE DANDIN.

Quoi ! je...

MONSIEUR DE SOTENVILLE.

Corbleu ! si vous me répliquez, je vous appren-
drai ce que c'est que de vous jouer à nous.

GEORGE DANDIN, *à part.*

Ah ! George Dandin !

MONSIEUR DE SOTENVILLE.

Allons, venez, ma fille, que votre mari vous
demande pardon.

ANGÉLIQUE, *descendue.*

Moi ! lui pardonner tout ce qu'il m'a dit ? Non,
non, mon père, il m'est impossible de m'y résoudre, et je vous prie de me séparer d'un mari
avec lequel je ne saurois plus vivre.

CLAUDINE.

Le moyen d'y résister ?

MONSIEUR DE SOTENVILLE.

Ma fille, de semblables séparations ne se font
point sans grand scandale, et vous devez vous
montrer plus sage que lui, et patienter encore
cette fois.

ANGÉLIQUE.

Comment patienter après de telles indignités?
Non, mon père, c'est une chose où je ne puis
consentir.

MONSIEUR DE SOTENVILLE.

Il le faut, ma fille, et c'est moi qui vous le
commande.

ANGÉLIQUE.

Ce mot me ferme la bouche, et vous avez sur
moi une puissance absolue.

CLAUDINE.

Quelle douceur!

ANGÉLIQUE.

Il est fâcheux d'être contrainte d'oublier de
telles injures; mais, quelle violence que je me
fasse, c'est à moi de vous obéir.

CLAUDINE.

Pauvre mouton!

MONSIEUR DE SOTENVILLE, *à Angélique.*

Approchez.

ANGÉLIQUE.

Tout ce que vous me faites faire ne servira
de rien, et vous verrez que ce sera dès demain à
recommencer.

MONSIEUR DE SOTENVILLE.

Nous y donnerons ordre. [*A George Dandin.*]
Allons, mettez-vous à genoux.

GEORGE DANDIN.

A genoux?

MONSIEUR DE SOTENVILLE.

Oui, à genoux, et sans tarder.

GEORGE DANDIN. (*Il se met à genoux*).

[*A part.*] O Ciel! [*A M. de Sotenville.*] Que faut-il dire?

MONSIEUR DE SOTENVILLE.

« Madame, je vous prie de me pardonner. »

GEORGE DANDIN.

Madame, je vous prie de me pardonner.

MONSIEUR DE SOTENVILLE.

« L'extravagance que j'ai faite. »

GEORGE DANDIN.

L'extravagance que j'ai faite... (*à part*) de vous épouser.

MONSIEUR DE SOTENVILLE.

« Et je vous promets de mieux vivre à l'avenir. »

GEORGE DANDIN.

Et je vous promets de mieux vivre à l'avenir.

MONSIEUR DE SOTENVILLE.

Prenez-y garde, et sachez que c'est ici la dernière de vos impertinences que nous souffrirons.

MADAME DE SOTENVILLE.

Jour de Dieu! si vous y retournez, on vous apprendra le respect que vous devez à votre femme et à ceux de qui elle sort.

George Dandin.   11

MONSIEUR DE SOTENVILLE.

Voilà le jour qui va paroître. Adieu. [*A George Dandin.*] Rentrez chez vous, et songez bien à être sage. [*A Mme de Sotenville.*] Et nous, m'amour, allons nous mettre au lit.

SCÈNE VIII

GEORGE DANDIN.

Ah ! je le quitte maintenant, et je n'y vois plus de remède. Lorsqu'on a, comme moi, épousé une méchante femme, le meilleur parti qu'on puisse prendre, c'est de s'aller jeter dans l'eau la tête la première.

NOTES

DE *GEORGE DANDIN*

ACTE PREMIER.

P. 3, l. 7. Une femme *demoiselle*. Fille noble, *domicella*, demoiselle, est le féminin du mot gentilhomme (damoisel) : « Voulons et nous plaist — dit le Privilège accordé à Lully pour l'Opéra, le 13 mars 1672 — que tous gentilshommes et *damoiselles* puissent chanter sans que pour ce ils soient censés déroger audit titre de noblesse et à leurs privilèges, charges, droits et immunités. »

6, 19. On m'a *enchargé*. Pour chargé ; mot vieilli et populaire.

7, 4. Il ferait le *diable à quatre*. Grand tumulte. Cf. *Amphitryon* (III, 8), et le *Soupé mal apprêté* de Hauteroche (sc. III).

8, 6. Ce *damoiseau* poli. Molière a souvent employé ce mot dans le sens de jeune galant. Voir le *Dépit amoureux*, l'*Ecole des Femmes*, l'*Avare*.

— 11. *Têtigué*. C'est le « têtedieu » des paysans. Lucas dit, dans le *Médecin malgré lui* : Hé, *têtigué*, ne lantiponez point davantage (I, 6).

9, 18. *Manigance.* Manœuvre cachée. Cf. *Etourdi*, I, 4 :

« J'ai crainte ici dessous de quelque *manigance.* »

— 19. Il aura *un pied de nez.* Il sera bien attrapé, on se moquera de lui.

— 24. *Bouche cousue.* Gardez bien le secret. Cf. Mme de Sévigné et La Fontaine.

10, 1. Je suis un *fin matois.* A la fois hardi et rusé : « La matoise ! » dit Gros-René de Marinette (I, 2).

— 17. *Je me donnerais volontiers des soufflets.* Déjà Arnolphe avait dit, dans l'*École des Femmes* (III, 5) :

« Sot, n'as-tu point de honte ? Ah ! je crève, j'enrage, Et *je souffleterais mille fois mon visage.* »

14, 24. Maison *de la Prudoterie.* Cf. La Fontaine, la *Matrone d'Ephèse :*

« D'elle descendent ceux *de la Prudoterie,* Antique et célèbre maison. »

16, 24. Qu'elle *forlignât* de. Vieux mot : qu'elle s'écartât de la ligne droite, dérogeât, dégénérât.

17, 7. *Serrer le bouton.* On appelle bouton, en terme de manège, la boule de cuir qui coule le long des rênes et qui les resserre. Ainsi, serrer le bouton est l'équivalent de tenir en bride. (Auger.)

— 14. Des choses *chatouilleuses.* Chatouillantes serait plus exact.

— 15. Un *pas de clerc.* Démarche inutile ou maladroite, faute d'ignorance et d'inexpérience, comme en peut faire un jeune clerc.
Gros-René dit, dans le *Dépit amoureux* (I, 4) :

..... Ma langue, en cet endroit, A fait *un pas de clerc* dont elle s'aperçoit.

18, 19. A l'*arrière-ban de Nancy.* Convocation et appel sous les armes de toute la noblesse de Lorraine en 1635, sous le duc d'Angoulême ; une partie renforça la garnison de Nancy.

19, 2. *Au grand siège de Montauban.* Celui de 1621, que Louis XIII fut obligé de lever, après avoir été tenu en échec 78 jours par la vieille cité protestante.

— 8. *Le voyage d'outre-mer.* « Tout le monde, dit J.-B. Rousseau, fit l'application de ce passage à M. de la Feuillade, qui en ce temps-là s'avisa de mener en Candie à ses dépens une centaine de gentilshommes équipés, pour combattre contre les Turcs, pendant le siège de cette île. » (*Lettre à Brossette,* de la Haye, 29 juillet 1740.)

22, 28. *Contes à dormir debout.* Mensonges, fadaises, niaiseries.

23, 14. *Carogne* que vous êtes. Altération du mot charogne. Voy. plus loin (acte III, sc. v) : « Voilà nos *carognes* de femmes ! » Molière n'avait pas employé ce mot, qu'on trouve dans Régnier, depuis le *Cocu imaginaire* (sc. VI).

En Bourgogne, on dit *cairogne ;* en Gâtinais et en Berry, *carne.*

— 20. Ne faites point tant la *sucrée* — la renchérie, la précieuse, la réservée, la sage. Cf. l'*Etourdi* (III, 2) :

Elle fait *la sucrée,* et veut passer pour prude,

et Loret, *Muze historique* du 9 juin 1652 :

« Avec cette veste sacrée
Il faisait la sainte-*sucrée.* »

— 27. *Bonne pièce.* Par antiphrase. C'est dans le même sens ironique qu'Angélique dit plus loin à son mari : « D'où viens-tu, *bon* pendard ? » — Cf. *Cocu imaginaire* (sc. VI) :

« Ha ! la *bonne* effrontée ! »

— 29. Vous êtes une *dessalée.* Génin donne ce mot populaire comme synonyme de matoise, rusée ; M. Moland, de « dégourdie, qui a perdu sa rusticité ». C'est la suite plaisante de cette apostrophe : « Ne faites point tant la sucrée », c'est-à-dire : Vous êtes une fausse douce ; vous avez été salée, et il vous en reste quelque chose, comme à la morue dessalée, qu'on ne peut faire passer pour de la morue fraîche. C'est probablement un souvenir du *Discours facétieux des hommes qui font saler leurs femmes à cause qu'elles sont trop douces.*

La comédie des *Souffleurs* (1694) emploie ce mot dans le sens de fourbe et de rusé : « Vous paraissez tous deux assez dessalés », dit Cinthio à Mezetin et à Marinette (acte I, sc. xvi).

24, 5. Porter *la folle enchère.* C'est-à-dire payer pour tout le monde. « La folle enchère — dit Littré — est une enchère trop haute et qu'on ne peut pas payer, ce qui force à une nouvelle enchère dont les frais sont à la charge de celui qui a fait la folle enchère. »

— 27. Je n'y *marchanderais pas.* Je ne balancerais, n'hésiterais pas. Expression employée par Malherbe et Mme de Sévigné.

25, 1. Ce *sera bien employé.* Bien fait, mérité.

— 2. Il m'en a déjà *taxée.* Accusée.

ACTE SECOND.

32, 4. *Tribouiller* le cœur. Mot patois qui correspond à remuer, agiter, secouer violemment. Le vieux français avait le mot *tribouler*, que l'on trouve dans Alain Chartier et dans d'autres poètes du xve siècle.

— 13. Un *quarteron.* Le quart d'une livre. Brécourt avait dit, deux ans plus tôt, dans sa *Noce de village* (sc. 1) :

« Il faut point tant de lard pour faire un quarteron. »

34, 4. *Les patineurs.* Génin fait dériver ce mot de patte. En effet, patiner signifie manier grossièrement ou malproprement : « Les provinciaux sont grands *patineurs* », dit Mme de Sévigné.

35, 9. *Sur l'et-tant-moins*. Sur et en déduction de, formule de pratique ; c'est-à-dire un à-compte, une avance à rabattre plus tard.

— 15. Beauté *rudanière*. Rude asnière, selon l'orthographe originale. « Terme populaire qui se dit des gens grossiers, qui rabrouent fortement les autres. Il est composé de rude et ânier, comme qui dirait un ânier trop rude à ses ânes. » (*Dictionnaire de Trévoux.*)

54, 7. Vos *désordres* finis. — Vos discords, vos différends.

54, 20. *De faire voir aux gens que l'on me déshonore.* Ce vers aurait pu figurer dans la « belle scène » du *Cocu imaginaire*, au moment où Sganarelle s'écrie, dans un transport jaloux :

« Je vais dire partout qu'il couche avec ma femme ! »

ACTE TROISIÈME.

56, 22. La lettre *moulée*. Imprimée, ou qui imite l'imprimé. Cf. *Amans magnifiques* (III, 1) : « Il est *moulé*, c'est-à-dire imprimé. »

60, 3. Comme tous les *diantres*. Comme tous les diables.

— 12. Ta petite *menotte*, petite main, en style familier. « Belles petites *menottes* », dit Moron à l'ours dans le second intermède de la *Princesse d'Élide* (sc. 11).

62, 6. *Maroufle*. Synonyme de maraud, vaurien, déjà employé dans la *Jalousie du Barbouillé* (sc. VIII et XVII) et le *Festin de Pierre* (II, 3).

67, 10. Des *escampativos*, du mot espagnol *escampare* qui signifie s'échapper, s'évader. Escapades, escampette. Cf. *Francion*, liv. IV, p. 156 de l'édition Colombey : « Je m'en vais faire un petit *escampativos*. »

68, 8. *Plâtré vos malversations*, Dissimulé vos désordres.

— 25. *Éluder* ici les gens. Jouer, tromper. Cf. *Amphitryon* (III, 5) :

   « C'est trop être *éludés* par un fourbe exécrable. »

71, 13. Ah ! *crocodile !* « Crocodile trompeur », dit Gros-René à Marinette (*Dépit*, I, 5).

74, 26. *Ivrogner*. Vieux mot, qu'on rencontre dans Amyot, dans Vaugelas, et dans les *Mémoires* du cardinal de Retz.

82, 8. *Je le quitte* maintenant. J'y renonce, je cède. Cf. *Dépit am.* (II, 1) :

   Ho ! poussez, *je le quitte* et ne raisonne plus ;

et la *Critique de l'École des Femmes* (sc. VI) : « Ah ! je *le quitte* » finit par répondre Uranie aux « Tarte à la Creme » du marquis.

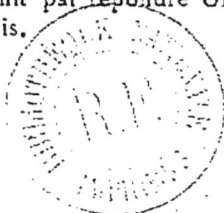

G. M.

Imp. Jouaust, L. Cerf.

LES PIÈCES DE MOLIÈRE

Avec Dessins de Louis Leloir, gravés par Champollion

NOTICES ET NOTES PAR AUG. VITU ET G. MONVAL

EN VENTE : *L'Étourdi*, 6 fr. — *Dépit amoureux*, 6 fr. — *Les Précieuses ridicules*, 4 fr. 50. — *Sganarelle, ou le Cocu imaginaire*, 4 fr. 50. — *Dom Garcie de Navarre*, 5 fr. 50. — *L'École des Maris*, 5 fr. — *Les Fâcheux*, 5 fr. — *L'École des Femmes*, 6 fr. — *La Critique de l'École des Femmes*, 5 fr. — *L'Impromptu de Versailles*, 4 fr. 50. — *Le Mariage forcé*, 5 fr. — *La Princesse d'Élide*, 5 fr. — *Dom Juan*, 6 fr. — *L'Amour médecin*, 5 fr. — *Le Misanthrope*, 6 fr. 50. — *Le Médecin malgré lui*, 5 fr. — *Mélicerte*, 4 fr. 50. — *Le Sicilien*, 4 fr. 50. — *Amphitryon*, 6 fr.

SOUS PRESSE : *L'Avare*.

DANS LE MÊME FORMAT

PETITE BIBLIOTHÈQUE ARTISTIQUE

Comprenant plus de 100 volumes

Derniers ouvrages publiés :

CONTES DE LA FONTAINE, dessins d'ED. DE BEAUMONT, gravés par BOILVIN. 2 vol. . . . . 35 fr.

FABLES DE LA FONTAINE, dessins d'ÉMILE ADAN, gravés par LE RAT. 2 vol. . . . . 40 fr.

LETTRES PERSANES, de Montesquieu, dessins d'ED. DE BEAUMONT, gravés par BOILVIN. 2 vol. . . . . 30 fr.

FABLES DE FLORIAN, dessins d'ÉMILE ADAN, gravés par LE RAT. . . . . 20 fr.

WERTHER, de Gœthe, gravures de LALAUZE. . . . 20 fr.

LES QUINZE JOYES DE MARIAGE, 21 gravures de LALAUZE imprimées dans le texte. . . . . 30 fr.

MES PRISONS, dess. de BRAMTOT, gr. par TOUSSAINT. 20 fr.

LES CAQUETS DE L'ACCOUCHÉE, 14 gravures de LALAUZE imprimées dans le texte. . . . . 25 fr.

LE VICAIRE DE WAKEFIELD, gravures de LALAUZE. 2 vol. . . . . 25 fr.

LA NOUVELLE HÉLOISE, gravures d'HÉDOUIN hors texte, gravures de LALAUZE dans le texte. 6 vol. . . . 45 fr.

MÉMOIRES DE MADAME DE STAAL, 9 gravures hors texte et 31 gravures dans le texte, par LALAUZE. 2 vol. 50 fr.

www.ingramcontent.com/pod-product-compliance
Lightning Source LLC
Chambersburg PA
CBHW060611100426
42744CB00008B/1391